Elfriede Jelinek · Jutta Heinrich · Adolf-Ernst Meyer

Sturm und Zwang

Elfriede Jelinek
Jutta Heinrich
Adolf-Ernst Meyer

Sturm und Zwang

Schreiben als Geschlechterkampf

Klein

Titelfotos: Isolde Ohlbaum, Cornelius Meffert
Umschlag: Peter Albers
Gesamtherstellung: Clausen & Bosse, Leck
ISBN: 3-89521-025-0
1 3 5 7 9 10 8 6 4 2

Satz aus der Bembo normal
Papier: FORTUNA Werkdruckpapier »Pegasus«
chlorfrei, säurefrei
Steinbeis Temming Papier GmbH & Co., Glückstadt

Vorwort

Als Ingrid Klein mich zu motivieren begann, ein psychoanalytisches Interview mit Elfriede Jelinek zu führen, war ich chemisch rein.

Von der Künstlerin kannte ich lediglich den Eklat, den ihr Roman »Lust« in der Öffentlichkeit bewirkt hatte.

Von Ingrid Klein wußte ich, daß sie sich nach ihrer Tätigkeit als »Konkret«-Redakteurin (damals hatte ich populärwissenschaftliche Artikel über Perversion, Pornographie, Aids-Witze für sie geschrieben) als Verlegerin v. a. von Büchern von und über Frauen selbständig gemacht hatte.

Ingrid Klein schickte mir Dialogbücher, die sie mit (bzw. von) meinen Psychoanalytiker-Kolleginnen Margarete Mitscherlich und Marina Gambaroff gemacht hatte. Ferner las ich in rascher Folge »Die Klavierspielerin«, die »lockvögel«, »Lust« und »Die Ausgesperrten« und war beeindruckt von der Virtuosität des Stils, von der Versatilität, dank derer sich diese Bücher voneinander unterschieden, und von der Erbarmungslosigkeit der Handlungen.

Durch all dieses wurde mir klar, daß Ingrid Klein hoffte, daß sich die innerpersönliche Welt von Elfriede Jelinek und deren Beziehung zu ihren jeweiligen einzelnen Werken in unseren Gesprächen differenziert entfalten könnten – schlichter gesagt: daß die Beziehungen zwischen der Frau und der Künstlerin Jelinek faßbarer würden als in den zahlreichen Interviews, welche einerseits nur Momentaufnahmen des jeweiligen Werks und andererseits zu sehr medial-sensationsgierig (und durch beides insgesamt oberflächlich geraten) waren.

Mit spürbarer Angst und Besorgnis, ob es mir gelingen würde, jene Atmosphäre von Vertrauen zu gewinnen, welche Wahrhaftigkeit, Hinterfragen und Selbstkritik erst möglich macht, sagte ich zu.

Frau Jelinek erklärte sich einverstanden und bestand lediglich darauf, daß sie nicht als einzige Schriftstellerin im geplanten Buch erscheine. Das war nicht nur eine bescheidene und eine geschlechtssolidarische Forderung, es war auch ein richtiger und guter Entschluß, denn dadurch würden die notwendigerweise zutage tretenden Probleme einer Frau als Künstlerin und als Geschlechtswesen in unserer derzeitigen Gesellschaft weniger als Einzelfall erscheinen.
Aus dem halben Dutzend Schriftstellerinnen, die Frau Klein und mir spontan einfielen, schien uns Jutta Heinrich ein idealer Paarling, an Sprachmacht und Formulierungspräzision vergleichbar und mit ausreichend Parallelen und genügend Unähnlichkeiten in ihrem Werk, um die Verallgemeinerbarkeit der Erfahrungen beider Autorinnen und deren künstlerischer Darstellung zu erhöhen.
Während der Leser aus dem Interview mit Jutta Heinrich Werk und Leben der Künstlerin verstehen kann, auch wenn er ihre Texte nicht im einzelnen kennt, trifft dies für dasjenige mit Elfriede Jelinek nicht zu, da ich hier oft nur Verweise und Anspielungen einsetze. Deswegen erwies es sich als nötig, daß ich selber jeweils eine Kurzfassung der Werke beisteuerte, die einzig mein Verständnis widerspiegelt – aber aus diesem hatte ich ja gefragt.

Adolf-Ernst Meyer

Elfriede Jelinek im Gespräch mit Adolf-Ernst Meyer

»›Lust‹ ist ein außerordentliches, ein revolutionäres Buch, dem jede Reaktion von der begeisterten bis zur gehässigen gerecht wird, nur nicht die blasierte.«
Michael Scharang

Meyer: Sie sagten vor vielen Jahren in einem Interview, Sie glaubten nicht mehr an Psychiater. Sie hätten schon vier verschlissen.

Jelinek: Eher haben die mich verschlissen.

M: Jetzt haben Sie sich von Frau Klein überreden lassen, ein weiteres Mal mit einem Psychiater/Psychoanalytiker zu reden.

J: Na ja, wenn man mit ihnen redet, ist es ja sehr interessant, aber wenn sie einen behandeln, dann wird es ernst. Welche Richtung vertreten Sie denn?

M: Gemäßigter Freud, würde ich sagen.

J: Über Freud könnte man natürlich stundenlang reden, aber das wäre ein ungleiches Gespräch.

M: Das erste Mal waren Sie beim Psychiater mit sechs, sieben Jahren, sagten Sie.

J: Ja, in der Kinderpsychiatrie, bei Asperger. Ich bin eine Asperger-Patientin, wenn auch nicht einer der sogenannten Asperger Autisten, allerdings nahe dran. Mich da hinzuschicken war schon ein Verbrechen von meiner Mutter, und das kann ich ihr auch nicht verzeihen. Statt mich in die Gesellschaft von Gleichaltrigen zu schicken, bin ich in die Gesellschaft von schwergestörten Neurotikern und Psychopathen geraten.

M: Und eigentlich wegen eines Talents, von dem Sie heute leben: Ihrer Fabulierkunst.

J: So ist es. Der eigentliche Grund war, daß ich eine extreme, und meiner Mutter krankhaft erscheinende Motorik entwickelt habe, die man bei Autisten, wie ich jetzt erst gelesen habe, häufig findet. Ich war zwar kein Autist, aber sicher ein Grenzfall. Ich bin stundenlang wie eine Irre von einem Raum zum anderen gelaufen, und das war sowohl meiner Mutter als auch meiner Kinderärztin unheimlich. Asperger hat es dann als Teil einer Erregung definiert, die noch nicht zielgerichtet ist.

M: Ich dachte, das sei wegen Ihrer Fabulierkunst gewesen?

J: Das kam dazu. Als ich in der Schule war, habe ich unglaubliche Lügengebilde erfunden, so glaubwürdig, daß meine Mutter, die geradezu paranoid mißtrauisch war, sie mir abgenommen hat. Das war offenbar etwas sehr Unheimliches.

M: Und Ihre Motorik hat Ihre Mutter dann sehr eingeengt?

J: Meine Mutter war natürlich die absolute Instanz, mit einem stählernen Willen, gegen die sich niemand durchsetzen konnte. Es könnte vor ihr etwas ganz Offensichtliches stattfinden, und sie würde trotzdem behaupten, daß das nicht stattfindet. Inzwischen kommt noch ein gewisser Altersstarrsinn hinzu.

M: Wie alt ist sie heute?

J: Neunzig, aber hochintelligent. Sie ist schwer narzißtisch gestört, was aus ihrer krankhaften Familienkonstellation resultiert, die sie nicht aufarbeiten konnte. Da sollte man ja schon fast wieder anfangen, an die Psychoanalyse zu glauben.

M: Sie leben jetzt aber freiwillig mit Ihrer Mutter zusammen?

J: Ja. Ich würde nie einen alten Menschen in ein Altersheim abschieben. Inzwischen spricht sie mit niemand mehr, wozu noch eine gewisse Schwerhörigkeit kommt, gegen die etwas zu unternehmen sich die alten Leute ja oft weigern, besonders wenn sie so starrsinnig sind wie meine Mutter. Ich könnte es einfach nicht mit ansehen, wie sie in dieses totale schwarze Loch fällt. Ich habe schon das Gefühl, daß man alte Leute nicht abschieben darf. Inzwischen habe ich das Problem für mich gelöst, und jetzt lebt sie halt von meiner Lebenskraft mit. Ich finde, das kann man von Menschen auch verlangen.

M: Ihre Fabulierkunst, früher ein Problem, ist Ihnen ja doppelter Segen geworden: Einmal schaffen Sie damit Kunstwerke, und zum anderen stopfen Sie indiskreten und aggressiven Kritikern das Maul.

J: Das größte Problem der Frau hat vor allem die Bachmann in »Malina« sehr ironisch abgehandelt: Unsere weibliche Problematik besteht ja darin, einerseits eine weibliche Identität ausbilden zu müssen und andererseits zu realisieren, daß das Sprechen einer Frau als Anmaßung angesehen wird. Das Patriarchat spricht der Frau jegliche Kulturleistung ab und fährt dabei mit schweren Geschützen auf. Das Sprechen von Frauen wird immer wieder abgeblockt. Ein simples Beispiel: Gehen Sie in eine beliebige Buchhandlung, da werden Sie meine Bücher fast immer in der Frauenabteilung finden. Da stehen sie dann sozusagen im zahmen Rehgehege alle nebeneinander. Und Sie können sich anschauen, wer über meine Arbeiten schreibt und forscht, das sind zu 95 Prozent Frauen. Das Werk einer Frau ist nicht der Mühe wert, vom anderen Geschlecht gewürdigt zu werden. Wobei ich noch relativ gut wegkomme. Aber für mich ist das der Beweis, daß die Arbeit der Frauen verachtet wird und die gesellschaftlich sanktionierte Erscheinungsform ihrer Arbeit immer noch die Mutterschaft ist. Einerseits werden die Leibesfrüchte vergötzt, andererseits werden sie verachtet: Mütter werden vergötzt, aber andererseits will man ihnen nicht erlauben, diese Mutterschaft selbst zu bestimmen. Und wenn sie es selbst bestimmt, gibt man ihr keine Unterstützung. Also, was eine Frau auch tut, jede Möglichkeit ist ihr verbaut.

M: In Ihrem Theaterstück »Krankheit oder Moderne Frauen« machen Sie aus der Emily Brontë einen außerordentlich absurdistischen Vamp, und Vamp kommt von Vampir. Ich fand das sehr witzig, was für einen Teufel Sie aus dieser Dichterin gemacht haben.

»Krankheit oder Moderne Frauen« (Uraufführung Bonn 1987): In diesem absurdistischen Theaterstück geht es um das Verschwinden. Der Mann kann als Künstler in seinen Werken verschwinden, die Frau ist kein großer Meister und erreicht das nie vollkommen, sie ist dauernd damit beschäftigt und taucht trotzdem immer wieder auf.
Die Krankenschwester Emily ist Lesbe (und Dichterin) und Vampir. Sie arbeitet bei ihrem Verlobten Heidkliff, Arzt für Frauen- und Kieferheilkunde, und trinkt dessen Blutkonserven mit Strohhalmen. Carmilla wird von ihrem Mann zur sechsten Entbindung gebracht, bei der sie stirbt. Emily verliebt sich in und beiß-saugt sie, womit diese ebenfalls zu einer »Untoten«, zu einer »Pseudototen« wird. Emily verlangt von ihrem Verlobten, daß er ihre Vampirzähne ausfahrbar macht, damit sie »einen ähnlichen Apparat wie ihr Männer« erhält.
Hier endet der Geschlechterkampf mit einem Pyrrhus-Sieg der Männer. Zwar beißen Emily und Carmilla zuerst in die Hälse ihrer Männer – es kommt aber kein Blut –, danach werden sie von den beiden erschossen.

J: Da, wie Eva Meyer sagt, die »Säfte der Frau nicht repräsentationsfähig sind«, weil die Sexualität der Frau eben nicht in derselben Weise vorgezeigt werden kann wie die des Mannes, habe ich ihr zwei falsche Vampirzähne wachsen lassen, die gleichzeitig auch eine Metapher sind für die weibliche Existenz, die nie ganz da ist und nie ganz weg ist.

M: Der Vampir an sich ist sowieso eine männliche Gestalt.

J: Es gibt eine einzige weibliche Vampirgeschichte,

und das ist bezeichnenderweise ein lesbischer Vampir, weil es unmöglich wäre, dieses falsche Begehren zu überschreiten und es auf einen Mann zu wenden, also muß es sich auf eine andere Frau wenden.

M: In den Phantasien meiner Patienten sind die Vampire, die einen aussaugen, die Mütter. Das Saugen ist mütterlich, die Zähne sind väterlich. Aber zurück zu Emily in Ihrem Theaterstück, in welchem sie Dichterin, Krankenschwester, Lesbierin und Vampirin ist, welche die Blutkonserven ihres Chefs Heidkliff austrinkt, einem Zahnarzt und Gynäkologen. Sie wünscht sich von ihm, daß er ihre Vampirzähne ausfahrbar macht: »Sie sollen hervorlugen und wieder verschwinden können... Ich brauche einen ähnlichen Apparat, wie ihr Männer ihn habt! Ich möchte imponieren können. Ich möchte Lust vorzeigen können! Ich habe Säfte, aber die gelten ja im Alltag wenig. Ich möchte auch nach einem Prinzip funktionieren dürfen!«

J: Weil die weibliche Lust etwas ist, was man nicht sieht. Etwas, was so verborgen ist wie die weibliche Arbeit. Es gibt Ökonomen, die weibliche Arbeit für das Obszöne schlechthin halten, weil sie verborgen wird wie die Genitalien.

M: Welcher Teufel hat Sie geritten, Emily Brontë, ausgerechnet diese Frau, derart zu übersteigern?

J: Ich weiß nicht genau, wie ich darauf gekommen bin. Ich bin sicher durch die Lektüre des Textes von Eva Meyer angeregt worden, in dem sie sagt, daß die Frau kein großer Meister ist, weil die wirklich großen Meister in ihren Bildern verschwinden. Und die Frau ist kein großer Meister, sondern sie taucht immer wieder auf, während sie mit dem Verschwinden beschäftigt ist. Und das schien mir ein sehr schönes Bild zu sein, wie die Frau sozusagen in ihrem Werk nicht aufgeht, sondern immer wieder, auch wenn sie es vielleicht gar nicht will, zurückkommt.

M: Daher diese Regieanweisung, daß sie mit einem

Schlag gut sichtbar werden muß. Aber versteht man das, versteht das auch jemand, der Eva Meyer nicht gelesen hat?

J: Ich habe ja ein Zitat vorangestellt... Ich erinnere mich, Christa Wolf die ersten Ideen für so ein Stück erzählt zu haben und daß sie mich irritiert fragte, ob ich das komisch finde. Sie hat das irrsinnig Komische daran, daß die Krankenschwester Emily Blutkonserven trinkt, wenn sie kein Frischblut bekommen kann, überhaupt nicht sehen können. Ich hab' das immer sehr komisch gefunden.

M: Sie nascht von den Konserven ihres Chefs.

J: Für mich ist das eine zusätzliche Subversion, denn ihr Chef ist ja gleichzeitig ihr Verlobter. Der auch noch Facharzt für Kiefer- und Frauenheilkunde ist! Der sozusagen alles besetzt, das Oben, den Kopf, und das Unten, das Geschlecht.

M: Über diese Szene mit den Kindern habe ich auch nachgedacht, wie sie ihre eigenen Kinder aussaugt...

J: Ja, aber gleichzeitig ist diese Überschreitung dadurch, daß sie ein Vampir wird, sozusagen das Verweigern bzw. Umkehren des Gebärens. Da kippt es für mich um, der Vampir bringt den Tod und gleichzeitig das ewige Leben. Sie wird zwar tot durchs Gebären, aber sie wird dadurch auch lesbisch, durch das Begehren einer anderen Frau. Sie hält sich an ihr eigenes Geschlecht, und nicht nur das, sondern sie vernichtet auch die Früchte aus der Zeit, in der sie einem Mann sozusagen untertan gewesen ist. Das ist für mich ein Bild dafür, daß wirklich ernsthafte Kunstproduktion und glückliches Familienleben mit Reproduktion und Kindern für die Frauen – noch – nicht möglich ist. Dafür werde ich sehr oft angefeindet. Aber allein der Fall Marieluise Fleißer ist für mich das Beispiel schlechthin. Die Fleißer war die weit größere, man kann sagen begabtere, Schriftstellerin als Brecht, der sie als Frau und als Schriftstellerin vernichtet hat.

M: Ich weiß sehr wenig von ihr. Wie ist sie an ihm gescheitert?

J: Als Dramatikerin, weil er sie sozusagen am Nasenring vorgeführt hat. Das war einer der größten Theaterskandale der Weimarer Zeit, den er ganz bewußt provoziert hat. Er hat sie als Versuchskaninchen verwendet, um zu sehen, wie weit das Publikum solcher Radikalität gegenüber schon aufgeschlossen ist. Gleichzeitig war sie seine Geliebte, die er fallengelassen hat. Ein unglaublich interessanter Fall. Die Lebensgeschichte der Fleißer, wie sie in dieser Kleinstadt, Ingolstadt, unterdrückt von ihrem Ehemann, mühsam ihr Leben in Armut gefristet hat und ohne das Genie Fassbinder, der sie wiederentdeckt hat, heute vergessen wäre. Die bedeutendste deutsche Schriftstellerin, die wir jemals hatten, auch von der innovatorischen Leistung, von der Sprache her. Das ist ein Beispiel, bei dem ich nicht umhin kann zu sehen, was passiert ist: Eine Frau ist auf jedem Gebiet ganz kalt abgeblockt worden. Es gibt diesen Roman von ihr, »Eine Zierde für den Verein«, der, wie überhaupt kein anderes Werk, den Faschismus in seinem Entstehen beschrieben hat, mit einer unglaublichen Präzision. Dieses langsame Heraufdämmern in der Harmlosigkeit der bayerischen Provinz habe ich nie wieder so beschrieben gesehen. Ein literarisches Meisterwerk.

M: Sie beschreibt darin die Veränderungen durch den Nationalsozialismus in Ingolstadt?

J: In der deutschen Provinz. Über Sportvereine, über junge Leute, die einfach nur spazierengehen, wie die jungen Männer mit den Mädchen umgehen, dieses ganze Private, das in der Familie heranwuchs. Und das kann doch nach 1945 nicht einfach verschwunden sein, wie die Bachmann gesagt hat.

M: Es gibt bei Ihnen zwei Themen, so eine Art Wiedererkennungs-Signet für Jelinek, nämlich Heimat und Geschlechterkampf. Dieses Doppelthema tritt mit den »Liebhaberinnen« in Erscheinung.

Vielleicht zuerst über die Heimat: Ihre Heimat ist die Steiermark. Jedenfalls in den Büchern.

J: Nein, ich bin Wienerin, meine Eltern sind auch aus Wien. Ich bin zufällig in der Steiermark geboren, und meine Familie hat dort ein Ferienhaus, aber ich bin keine Steirerin.

M: Wie alt waren sie, als Sie da wegkamen?

J: Ich habe nie da gelebt, nur die ersten Lebenswochen, weil meine Mutter einfach nicht rechtzeitig nach Wien zurückgekommen ist in der Besatzungszeit. Und in meinen ersten Jahren habe ich mich dort öfter mal aufgehalten, weil die Versorgung besser war. In der Stadt haben die Menschen gehungert, und auf dem Land hat meine Großmutter eine Kuh gehalten, Hühner etc. Aber von meiner ganzen sprachlichen Entwicklung und von meiner kulturellen Identität her bin ich Wienerin. Ich bin ein typisches Wiener Produkt, jüdisch, slawisch, eine Mischung, die in Wien sehr häufig ist. In der Steiermark habe ich als Schulkind meine Sommerferien und Skiferien im Winter verbracht. Das war für mich sozusagen die Versuchsanordnung für das Studium der sozialen Unterschiede. Das Landproletariat, das in dieser Gegend, die arm ist, zu einem großen Teil aus Holzfällern und Alkoholikern besteht.

M: Mann ist beides.

J: Mann ist immer beides. Vom Baum zum Krüppel gemachte ehemalige Holzarbeiter, die dann noch mehr soffen, das war die Versuchsanordnung, und es ist bis heute ein sehr starker literarischer Ort. Ich glaube sowieso, daß man aus der Kindheit die stärksten Eindrücke bezieht.

M: Heimat ist bei Ihnen ja ein Schreckwort.

J: Ja, aber dieses Haus in den steierischen Bergen hat schon was, von dem ich heute noch zehre. Dazu dieses östliche jüdische Erbe meines Vaters, von dem ich die Sprache gelernt habe. Die Ironie und den Sarkasmus, diesen zugespitzten Witz, den habe ich von meinem Vater bekommen. Mein Vater war immer der Unterlegene in der Familie, von meiner Mutter dominiert, aber seltsamerweise war in diesem Rollentausch meiner Eltern der Vater derjenige, der diesen Witz hatte. Diese Chuzpe wird ja immer negativ verwendet, ist aber ein sehr positives Wort dafür, daß auch Kinder mit Sprachwitz und Schlauheit die Erwachsenen austricksen können und das auch sollten. Das ist die eigentliche Bedeutung. Im Deutschen wird Chuzpe immer antisemitisch gebraucht, in dem Sinne, wenn einer den anderen übervorteilt, dann hat er Chuzpe. Das stimmt nicht, aber ich lese es immer wieder so.

M: Und im anglo-amerikanischen Jiddisch ist Chuzpe witzige Frechheit bis Unverfrorenheit.

J: Aber seltsamerweise im Deutschen nicht. Da wird es immer dann benutzt, wenn einer den anderen übers Ohr haut bei einem Geschäft.

M: Meine jüdischen Freunde haben dafür eine operationale Definition: »Wenn du durchs Schlüsselloch pinkelst, ist es ›Frechheit‹, wenn du klingelst und fragst, wie weit du gekommen bist, ist es ›Chuzpe‹.«

J: Ich wurde von der Familie meines Vaters sehr dafür bewundert, daß ich sprachlichen Witz und Keckheit zeigte, was meine Mutter und deren Familie – katholisch-autoritär – nicht schätzten. Kinder mußten brav und ruhig und folgsam sein.

M: Kinder sollten nicht gehört, Kinder sollten gesehen werden.

J: So ist es, oder wenn man sie hört, dann sollen sie wenigstens Klavier spielen. Und an dieser Kultur-Wasserscheide habe ich mich entlanggehangelt.

M: Dann haben Sie ja arg früh eine Geschlechterpolarität erlebt.

J: Ja, und zwar eine umgekehrte. Einen schwachen Vater und eine dominante Mutter.

M: Aber einen geistigen Vater, die Mutter war ja fürs Klavier.

J: Und für das praktische Leben, denn wenn ich das

jetzt in der Rückschau sehe, war es schon richtig, wie die beiden es gemacht haben. Mein Vater hätte die Nazizeit ohne die Tatkraft meiner Mutter niemals überlebt. Das, was ich immer als dominant und als totales Machtausüben empfunden habe, war genau das, was mein Vater offenbar im täglichen Leben gebraucht hat. Er war ein weltfremdes naturwissenschaftliches Genie, und meine Mutter hat sehr früh die Weichen für sein Überleben gestellt, weil sie erkannt hat, was auf sie zukommt.

M: Was für ein Naturwissenschaftler war er?

J: Chemiker. Er war Organiker, Kunststoffexperte. Und hat natürlich auch überlebt, indem er kriegswichtige Arbeit geleistet hat, das hat ihn gerettet.

M: Und das hat ihm Ihre Mutter gesagt?

J: Die Mutter hat gesagt, du wirst nicht überleben, wenn du nicht sofort wieder inskribierst. Mein Vater hatte sein Chemiestudium unterbrochen, weil kein Geld da war. Und als die SS ihn holen gekommen ist, da konnte er sein Studienbuch vorweisen. Er hat zwar seine Stelle sofort verloren, und meine Mutter mußte dann arbeiten und die Familie erhalten, aber er hatte seinen Studienplatz. Meine Mutter hat mir erzählt, daß sie versucht haben, ihn bei den Prüfungen durchfallen zu lassen. Sie wollten um jeden Preis den Juden da weg haben. Und da hat sie ihm gesagt, daß er mit seinen Ergebnissen zu einer unabhängigen Prüfstelle gehen müßte. Die hat dann bewiesen, daß seine Ergebnisse richtig waren, so daß man ihn nicht durchfallen lassen konnte. Sie hat ihn immer durchgemanagt. Sonst wäre er zum Westwallbau gekommen, und dem wäre er körperlich überhaupt nicht gewachsen gewesen. Leider mußte er – und ist vielleicht auch darüber später verrückt geworden – kriegswichtige Erfindungen machen. Er wurde geholt, hat zwar versucht, sich zu drücken, indem er sich in zwei Tagen und zwei Nächten ein Tiefbaustudium angeeignet hat, weil ihn jemand im Tiefbau beschäftigt hätte, aber das haben sie ihm nicht erlaubt. Deswegen mußte er dann für die Nazis arbeiten. Als Kunststoffexperte hat er z. B. einen kriegsentscheidenden Kleber erfunden, der das Buna, den künstlichen Kautschuk, mit dem Leinen verband. Daraus wurden Treibriemen hergestellt, damit die Räder rollen konnten für den Sieg.

M: Ich habe mich gewundert, daß außer Ihrer speziellen Art von Intelligenz das Jüdische in Ihrem Werk praktisch nicht zum Tragen kommt. Es finden sich in Ihrem Theaterstück »Burgtheater« ein paar antisemitische Bemerkungen, meist aber in Mißgunst auf Kollegen wie Max Reinhardt oder Adolf Schönböck gerichtet, aber bei Heidegger in dem Stück »Totenauberg«, wo ich gedacht hätte, Sie würden jetzt voll zuschlagen, haben Sie es nicht getan.

»Totenauberg« (1991): »Der alte Mann« (= Martin Heidegger) sitzt in einem Gestell, welches ihn hohl vergrößert, und »Die Frau« (= Hannah Arendt) hält ihm vor, daß er nicht gehalten hat, was er versprach: »Bitte erinnern, was für ein verführerischer Entwurf Sie waren: Der Mensch in die Stille gestellt. Und er ist Grund seines Seins, ist er schon Gott, in zehn Lektionen.« Doch schauen die Passanten nicht mehr auf ihn. Auch sei er feige zu Haus geblieben und habe die Burschenschaftler in den Krieg ziehen lassen.
In der Folge halten »Der alte Mann« und andere Prototypen (»Die elegante junge Frau«, »Ein typischer Leistungssportler«, »Die beiden Gamsbärtler«, »Opfer« etc.) abwechselnd und monologisch ihre Vorträge. Sie reden über die Dialektik von Natur und Mensch, von Heimat und Fremde, von Einheimischen und »Gästen«, vom Kindhaben (aber nur der »erbensguten« Mütter), von Gott und Tod und vom Fernsehen, welches erst die Natur richtig, nämlich als Bild, serviert.
Dabei wird das Fremden(verkehrs)problem mit der Asylantenproblematik verbunden: »In der Natur strebt immer etwas nach Nahrung ..., ganze Völkermassen treibt es herum ... Die Grenzen sind offen ... Wie armselig, wenn Armut was

haben will ... Wer nicht zahlen kann, dem erklingt nichts ... Nur Geschwisterliches darf nicht aufbrechen. Sie sollen fremd bleiben und dafür zahlen.« Indirekt wird deutlich, daß manche dieser Armen mangels Ausrüstung und Anleitung im Gebirge den Tod gefunden haben.

J: Heidegger ist ein Sonderfall. Es wäre sehr leicht, ihn zu verdammen, aber ich fand, daß mir das nicht zusteht. Ich habe das nur über seine Beziehung zu Hannah Arendt und über eine Sprachkritik gemacht, habe das philosophische Sprechen in ein dichterisches übergeführt. Außerdem fehlen mir die philosophischen Voraussetzungen, um Heidegger fertigzumachen. Ich hätte natürlich ein sehr scharfes, polarisiertes Zwiegespräch mit Hannah Arendt schreiben können, aber nachdem ich gelesen habe, wie sie sich selbst nach dem Krieg mit ihm auseinandersetzt, wie sie in einem Text eine unglaubliche Größe entwickelt und sogar sagt, daß man über ihn lachen kann, ging das nicht mehr. Sie hat zwar den Schrecken gesehen, hat gesehen, daß er sich nie distanziert hat, kannte seine ganzen furchtbaren Aussprüche, man hätte nur einen davon zu zitieren brauchen, was bedeutet hätte, daß er erledigt ist. Aber wenn eine Hannah Arendt sich das nicht gestattet, dann, dachte ich mir, kommt mir das auch nicht zu. Es ist nur Sache der Opfer, ob sie verzeihen oder nicht. Und wenn eine Hannah Arendt sagen kann, daß er zwar diesen Charakterfehler hat, es aber gleichzeitig ein großes denkerisches Werk ist, so daß sie darüber hinwegsehen kann, dann muß ich das auch können.

M: Mit anderen Figuren gehen Sie aber doch auch großzügig um, z. B. mit der Emily Brontë, und da Sie ja großes Talent haben zum Grotesken und einen bösen Biß, hätten Sie den Großphilosophen des Nationalsozialismus, der »Rassenschande« begeht, sehr böse darstellen können.

J: Ich habe das unangebracht gefunden. Dazu habe ich auch eine zu große Ehrfurcht vor dem Denken überhaupt, vor der Philosophie, die ich immer verzweifelt versuche zu verstehen. Es gibt ja keinen großen weiblichen Philosophen, so wie es keine ganz großen weiblichen Komponisten gibt. Hannah Arendt, die aufgrund ihrer Gebürtigkeit als Jüdin zur Emigration gezwungen wurde und darüber zu einem anderen, einem politischeren Denken gekommen ist, hätte es vielleicht sein können. Sie wäre u. U. diejenige gewesen, die ein großes abstraktes Denkgebäude dem Heideggerschen gegenübergestellt hätte. Aber sie hatte nicht die Wahl.

M: Dann hat Heidegger auch noch diese schwäbische Blut- und Boden-Verehrung.

J: Ja. Aber mit solchen Kritiken kann man ihn jederzeit vernichten. Das kann ein Achtzehnjähriger in einer Matura-Arbeit. Man kann auch mühelos grauenhafte Stellen zitieren, wo er der Vernichtung der europäischen Judenheit geradezu eine biologische Gesetzmäßigkeit unterstellt, ähnlich der Überdüngung der Meere und der Verschmutzung der Umwelt und der Luft. Es gibt eine Briefstelle von ihm, die das ausführt. Es wäre mir alles leichter gewesen, wenn mir der Briefwechsel zugänglich gewesen wäre, aber der ist ja leider unter Verschluß. Da ist man auf Mutmaßungen angewiesen. Hannah Arendt hat in ihm durchaus etwas Großes, Tragisches, Trauriges gesehen, nicht nur das Böse. Außerdem ist er auch bei den Nazis eine tragische Figur. Jemand, der den Führer führen will und der SS eine Rektoratsrede hält. Kurze Zeit später wurde er dann von der SA mit nassen Fetzen hinausgejagt, weil es natürlich eine Absurdität in sich ist, den Ungeist mit Geist lenken zu wollen. Da war er blind. Er hat seinen Kollegen, Staudinger, einen Nobelpreisträger für Chemie, wegen Pazifismus denunziert. Und da der als Chemiker von den Nazis natürlich eher gebraucht wurde, blieb er vollkommen unbehelligt, während der Denunziant verjagt wurde. Die Geschichte hat ja oft farcenhafte Züge.

M: In »Totenauberg« erscheint Heimat auch immer in Symbolen von Engheit, Beschränktheit, und dann ist da noch die Polarität zwischen den Fremden und den Fremdenverkehrenden und den Heimischen, wobei es eine ähnlich tragisch-tragikomische Verstrickung gibt wie beim Geschlechterkampf: Beide wollen die Heimat ausbeuten, und in der Kollusion, in ihrem Zusammenspiel zerstören sie die Heimat.

J: Ich habe die heutige Situation, die durch den Wegfall der Blöcke entstanden ist, diese neuen Völkerwanderungen aus dem Osten, mittels dieser Tourismusmetapher auf die Elendsflüchtlinge übertragen, um die Absurdität von Fremdenfeindlichkeit zu zeigen. Denn Österreich ist ein Land, das vom Fremdenverkehr lebt und dadurch einen großen Teil des Bruttosozialprodukts erwirtschaftet.

M: Wieviel ist das?

J: Mehr als Italien oder Frankreich, in Prozenten gerechnet, genau weiß ich es nicht, jedenfalls mehr als andere Länder, die vom Fremdenverkehr leben. Nur diejenigen, die ihnen kein Geld bringen, sondern die etwas von ihnen wollen, denen soll nicht gestattet werden, zu uns zu kommen. Die Touristen, die aus der DDR kamen, sind sofort in den Alpen oft abgestürzt, weil sie nicht die richtigen Bergschuhe anhatten.

M: Das kommt in »Totenauberg« auch vor.

J: Ja, sie werden in unseren Bergen geopfert. Also die Absurdität des Tourismus als Metapher für die armen Völker, die jetzt aus dem Osten nachdrängen.

M: Die moderne Art der Völkerwanderung als Tourismus.

J: Ja, nur ist sie inzwischen gestoppt. Die armen Fremden werden ja sofort abgeschoben... Eine unglaublich skandalöse Entwicklung. Wenn man an den Ungarn-Aufstand zurückdenkt, wo wir damals unglaublich viele aufgenommen haben, obwohl wir ja arm waren – aber das war ja der böse Kommunismus, der die Menschen verjagte.

M: Apropos Kommunismus: Davon finde ich in Ihrem Werk auch nicht sehr viel. Vielleicht noch am ehesten in den »Ausgesperrten«, wo Sie so recht klassisch die drei Schichten schildern, den Arbeiter, die beiden Kleinbürger-Zwillinge und die Oberklassen-Tochter Sophie, vormals von Pachhofen.

J: Die Namen habe ich zum Teil aus dem »Mann ohne Eigenschaften« entlehnt.

M: Das ist mir entgangen.

J: Es ist auch nur ein kleiner literarischer Scherz, bei dem entscheidend war, daß ich mir den bewaffneten Terrorismus in der Bundesrepublik in seinen Wurzeln vorgestellt habe, Ende der fünfziger Jahre, wo schon die Weichen gelegt worden sind, wo es an der Kippe zur Genese der Jugendkultur stand, es war sozusagen eine Zeitenwende. Ich versuche immer, meine Versuchsanordnungen möglichst rein zu erhalten. Und hier konnte man das finden: Die Jugend hat halt Popmusik und Mode und das alles bekommen zu einer Zeit, wo bei den Eltern noch die Erinnerung an den Krieg und die Aufbaujahre lebendig waren.

M: So ein Gedanke ist am Rande ja dabei, mit Schallplatten und so...

J: Ja, es beginnt schon mit Rock 'n' Roll, aber die eigentliche Popkultur beginnt erst später, mit dem ersten Auftreten der Beatles. Die Klassenstruktur-Versuchsanordnung entwickelt in den »Ausgesperrten« diese Brisanz. Nur die Oberschicht kann natürlich souverän sein, auch in der anarchistischen Aktion, weil sie keine Angst vor Abstieg haben muß, während das Kleinbürgertum, das ja schon den Faschismus mit hervorgebracht und getragen hat und heute immer noch die herrschende Klasse ist, letztlich nur den eigenen Aufstiegsinteressen folgen will. Dieser brain drain, den der Faschismus verursacht hat, indem er die jüdische Intelligenz, aber auch die armen Junden vernichtet hat, hat das Kleinbürgertum als herrschende Klasse mit sich gebracht. An diese Klasse mit ihrer Hoffnung auf Aufstieg und der Angst vor Abstieg krankt das Deutsche bis heute.

Mein Mann, der als Computerfachmann z. B. ständig mit dem Internet kommuniziert, stellt das im Vergleich immer wieder fest: Wenn beispielsweise Amerikaner technische Probleme haben, dann fragen sie höflich an, und man antwortet ihnen. Es ist ein ausgesprochen ziviler Umgang untereinander, während die Deutschen einen geradezu rattenhaft gemeinen Ton anschlagen. Sie sagen nicht, ich habe da ein technisches Problem, könnte mir vielleicht jemand helfen, sondern das heißt dann, das Gelump funktioniert nicht, so ein Scheißdreck etc. So eine Kulturlosigkeit ist nirgendwoanders festzustellen, und für mich ist auch das eine Folge des Faschismus, der diese kleinbürgerlichen Schichten zur herrschenden und auch zur normgebenden Klasse gemacht hat, auch wenn es längst wieder eine ökonomische Oberschicht gibt.

M: Das glaube ich gern, was Ihr Mann da von seinen Modem-Netzen erzählt, aber wenn man die Sprache der Amerikaner betrachtet, dann ist die doch auch voller fucking, mother fucker, cocksukker etc.

J: Ja, aber das ist ja nicht wirklich als fucking gemeint, das ist einfach ein Wort-Versatzstück.

M: Es ist trotzdem eine deftige, brutale, markigmännliche Ausdrucksweise... Wir waren beim Kommunismus. Sind Sie immer noch Mitglied der KPÖ?

J: Nein. Schon länger nicht mehr. Ich mußte damals und muß immer noch eine Art Gegengewicht bilden, wenn ich glaube, daß sich eine Gesellschaft ungesund zu sehr in eine Richtung bewegt. Woher das kommt, weiß ich nicht. Vielleicht, weil ich ein Kind war, das nie aufmucken durfte, habe ich gemeint, ich kann es politisch, wenn ich es für mich in meinem privaten Bereich gegen diese übermächtige Mutter durchsetze. Aber das ist natürlich nur Haus- und-Küchen-Psychologie. Obwohl meine Mutter mich gegen diese Art von Protest, solange er sich nicht gegen sie gerichtet hat, immer unterstützt hat, seltsamerweise. Nur wenn es sich gegen sie gerichtet hat, war sie die Betonmauer, gegen die man mit Daunenkissen einschlagen konnte, also absolut ungleichen Waffen.

M: Die »Ausgesperrten« enden mit einem Blutbad. Da wird erschossen, erschlagen, zerstückelt...

»Die Ausgesperrten« (1980): In dieser realistischen Erzählung, welche mit einer real geschehenen Bluttat endet – ein Sohn ermordet und zerstückelt Vater, Mutter und Schwestern –, erfindet Elfriede Jelinek deren Vorgeschichte als Zeitgeistporträt der Wiener Jugend der fünfziger Jahre hinzu. Geistig verstiegener Kopf und Motor der Viererbande, die einen unverstandenen Existentialismus vertritt, ist Rainer, Kleinbürgersohn mit künstlerisch-intellektuellen Größenwünschen. Seine Zwillingsschwester Anna läuft in der Bande mit und vögelt intensiv mit Rainer, dem dumpfen Proletarier, der immer neue und wenig realistische Pläne schmiedet, wie er in diese höherstehenden Klassen aufsteigen könnte. Beide Männer begehren bewundernd Sophie, eine wohlstandsverwahrloste Adlige aus der Oberklasse. Die Bande gibt ihrem starken Haß in unnötig brutalen Raubüberfällen Auslaß: »Gerade das Unnötige ist das Beste... Gerade das Unnötige ist das Prinzip.« Die Kleinbürgereltern der Zwillinge Anna und Rainer sind Idealtypen des Jelinek-Gruselkabinetts: Der Vater, ehemalig SS, verlogen, tyrannisch-ausbeuterisch, selbstbemitleidend und großsprecherisch, die Mutter widerwillig dumpf-sklavisch ergeben. Diese Eltern begründen ihr blutiges Ende nicht, aber sie sind mit diesem vereinbar.

J: Es ist ein realer Kriminalfall.

M: Da haben Sie nichts hinzugegeben?

J: Die Schilderung des Mordes ist wirklich authentisch. Aber es ist eine eigenartige Geschichte passiert, die mir beim Schreiben nie wieder passiert ist in dieser

Weise. Die Figur der Sophie von Pachhofen gab es nicht. Ich habe, als ich bereits eine Menge geschrieben hatte, die Akten beim Jugendgericht studiert und dann gesehen, daß der Mörder diese Figur auch erfunden hatte und daß die Polizei offenbar versucht hat, dieses Mädchen, also seine Freundin Sophie, von der er oft gesprochen hat, zu finden. Er hat oft von dieser Figur gesprochen, aber sie ist nie aufgetaucht, auch in den Zeitungen nicht, und letztlich ist man zu dem Schluß gekommen, daß er sie erfunden hat. Das ist wirklich das Irrste, das mir, seit ich schreibe, passiert ist: daß etwas, weil man ja die Dinge beschreibt, weil sie so sein müssen, und nicht, weil sie vielleicht so sein könnten, dann tatsächlich da ist. Er hat sogar Gedichte an sie geschrieben. Ich habe eines aus den Akten gestohlen und zitiert. Aber der Mord hat sich tatsächlich so ereignet.

M: Es gibt eine Rezensentin, die versucht hat zu belegen, daß Sie Ihre »Ausgesperrten« als Gegenstück zu Sartres »Die Eingeschlossenen von Altona« entwickelt hätten. Wenn ich diese beiden Werke vergleiche, kommt mir das unsinnig vor.

J: Nein, ich habe das damals nicht gelesen, aber sehr viele andere Sachen von Sartre, schon weil es damals Mode war. Ich habe auch Sachen zitiert, die damals noch gar nicht auf deutsch vorgelegen sind. Gerade bei Sartre ist durch Übersetzungen eine Menge verfälscht worden, denn in den Aufbaujahren der Bundesrepublik hat niemand von einer herrschenden Klasse gesprochen, sondern nurmehr von höheren Gesellschaftsschichten. Man hat ihn also gewissermaßen zwangsharmonisiert und im Grunde verwässert. Jetzt wird er ja gerade neu übersetzt.

M: Sie haben ja den allerersten deutschen Pop-art-Roman geschrieben, »wir sind lockvögel baby«.

»wir sind lockvögel baby« (1970): Der erste Popkunst-Roman deutscher Zunge verwendet Figuren aus dem kollektiven Volkstümlich-Bewußtsein als farbige Glasteilchen in einem

Kaleidoskop, welche dann mit jeder Drehung andere und unerwartet neue Konfigurationen bilden. Diese Kaleidoskopelemente der Populärseele stammen aus Comics, z. B. Batman, Superman, Mickey und Minnie, aus der Schlagerszene, z. B. Heintje, Udo Jürgens, Peter Alexander, oder sind Menschen der Öffentlichkeit, z. B. die Kennedys oder Axel Springer, zu welchen die Autorin von ihr erfundene Figuren mischt. Die Handlungen spiegeln den Romankitsch der Regenbogenpresse, die brutale Aggressivität von einigen Disney-Zeichenfilmen, brutale Sexszenen mischt die Autorin dazu – solche liefert die Populärszene erst später nach.

J: Das stimmt, da war ich wirklich die erste. Es war ein schönes Buch, einfach so, auch als Pop-Objekt, nicht bloß vom Inhalt her.

M: Ihre Pop-Elemente sind zum einen Personen des kollektiven Volksbewußtseins: Comicfiguren wie Batman, Robin, Superman, Mickey und Minnie, die Disney-Mäuse, der Musikszene entspringen die Beatles sowie die deutschen Schlagerstars Heintje, Peter Alexander, Udo Jürgens. Ferner Dschingis-Khan, Kingkong, Axel Springer, Präsident Kennedy & sein Clan. Andere Figuren haben Sie selbst erfunden: Dunja, die russische Exilgräfin, oder den vielschichtigen Otto oder den Spanier Manuel Cortez Maria y Mendoza, »geniale(r) arzt forscher und rennfahrer der kühne experimente an lebenden menschen unternommen«. Was hat sie draufgebracht?

J: Na ja, in dem Alter, Anfang zwanzig, in dem ich das geschrieben habe, hat man einfach noch keine Lebenserfahrung, über die man schreiben kann. Ich hatte mich aber sehr mit Trivialmythologien beschäftigt, gerade weil meine Erziehung zu klassischer Musik, zur »richtigen« Literatur tendierte. Um Mickey-Mouse-Hefte mußte ich kämpfen. Das andere interessiert einen immer mehr, und deswegen habe ich mich für diese ganze Trivialkultur interessiert und das alles verschlungen. Ich habe damals gedacht, ich müßte aus illustrierten Heftchenromanen, Krimis, Science fiction...

M: ...und ein paar Landser-Romane haben Sie auch noch verwurstet...

J: Sicher, habe ich alles gelesen. Ich wollte eine Essenz dieser Überbauphänomene – dieser nicht im eigentlichen Sinne lebenden Figuren, die immer wieder furchtbar umgebracht werden, aber auch immer wieder auferstehen – schreiben. Und ich habe das bis heute beibehalten. In meinen Texten sterben immer Leute, es gibt immer Morde, weil der Kriminalfall immer ein gutes Modell ist, Dinge auf die Spitze zu treiben und zu schauen, was da passiert.

M: Nur hat das folgenden Nachteil: Wenn bei Ihnen Gewalt so grotesk übersteigert vorkommt, verharmlost das diese natürlich auch gewaltig. Das ist ja besonders in »Michael. Ein Jugendbuch für die Infantilgesellschaft« so.

»Michael. Ein Jugendbuch für die Infantilgesellschaft.« (1972): Wie in den »lockvögeln« gibt es hier mehrere Handlungsstränge; aber im Unterschied zu jenen werden sie in mehreren Erzählperspektiven beleuchtet: »erzählung«, »nacherzählung«, »wirklichkeit«, »wirklich wirklichkeit« oder in direkten Ansprachen die Leser (»liebe buben & mädel«, »liebe freunde, denn das seid ihr doch«, etc.).
Ein Strang verfolgt »flipper«, den Delphin, und seine Familie, ein anderer schildert die »Wahre Geschichte« von Michael, dem braven Sohn der armen, aber redlichen und fleißigen Witwe. Er und die Tochter seines multimillionären Chefs (unerkannt, versteht sich) verlieben sich und erleben sämtliche Mißverständnisse und Hindernisse, über die das Genre »Lore-Roman« verfügt (vor und nach der Heirat). Der längste Strang verfolgt die unablässigen (und brutal scheiternden) Versuche von »ingrid & gerda, kaufm. lehrlinge«, ebensolches Roman-Infantil-Glück für sich zu erhaschen.

Sie führen gleich zu Beginn mit Ingrid und Gerda, kaufmännische Lehrlinge, zwei Ihrer Hauptfiguren ein. Sie sind pummelig, picklig, haben glanzloses Haar und eine unstillbare Sehnsucht nach der schikken schönen Welt der Reichen, für die im Leben, aber noch mehr für die im Fernsehen. Kein Wunder, daß beide bereit sind, bei einem Modefototermin schöne Kleider anzuprobieren. Ohne Ankündigung schlägt gleich als erstes »fotograf gordon... sein kamerastatif der blonden gerda mit wucht über den schädel«, und Ingrid werden Stecknadeln unter die Haut gejagt, und »eine spitze schere wird ingrid auch noch in den rechten oberschenkel getrieben dass sie aufheult«. Anschließend wird Gerda von einer mitwirkenden »fachfrau fürs kombinieren... (mit deren) wildledergürtel mit den metallnieten« ins Gesicht geschlagen, daß das Nasenbein bricht und die Haut platzt, und schließlich wird ihr das rechte Auge ausgestochen. Einige Seiten später treten erst Gerda und bald danach Ingrid heil und unversehrt wieder auf, aber Gerda wird dann von einem der Fahrer der Brustkorb so gequetscht, daß »die haut über den rippen platzt... dann poliert er den boden mit gerda.« In späteren Szenen sind beide wieder heil, aber die »kaufm. lehrlinge gerda und ingrid« bleiben die Allzeit-Prügelmädchen, und zwar, so habe ich es mir gedeutet, wegen ihrer Klassenzugehörigkeit.

J: Mit »Michael« wollte ich natürlich die Brutalität dieses Klassenkampfs zeigen, die jungen Lehrmädchen und ihre Existenz, die ja diese verlogenen Fernsehserien überhaupt nicht widerspiegeln. Das war eine politische Intention. Ich wollte die Brutalität dieses sozialen Kampfes – damals war ich schon sehr engagiert politisch – in die Betulichkeit der verlogenen Serienprodukte projizieren, damit einem das bewußt wird.

M: Es gibt ein sehr passendes Zitat von Ihnen: Eine Szene, in der Gerda, einer der beiden Lehrlinge, in einem Geschäft sehr brutal gevögelt und mit dem

Kopf gegen die Wand gestoßen wird etc., kommentieren Sie so: »in WIRKLICHKEIT geht es nicht so krass zu. in wirklichkeit ist es schlimmer. liebe jungen und mädel wenn hier einer übertreibt so ist es der... der herr abteilungsleiter.«

J: Das ist natürlich ein zynischer Kommentar, aber das war zu einer Zeit, wo sexuelle Belästigung am Arbeitsplatz überhaupt kein Thema war, darüber hat kein Mensch gesprochen, sondern es war selbstverständlich, daß die Mädchen, die in diesen Betrieben gearbeitet haben, Freiwild waren. Bei mir gibt es oft diese objektivierenden Kommentare. Wenn ich über mich eine Doktorarbeit schriebe, würde ich wahrscheinlich die Bedeutung des Wir, des auktorialen Kommentars in der Erzählung, analysieren, der ja ständig seine Perspektive ändert. In späteren Sachen, z. B. in der »Lust«, werden die Leute ja direkt angesprochen, oder ich spreche von mir in der Mehrzahl, es ändert sich also ständig, und man muß immer herausfinden, wer jetzt gerade spricht, welches Ich oder welches Ihr. Da verlasse ich die illusorische Ebene und gebe einen politischen Kommentar, der die Wahrheit hinter den Dingen kenntlich macht, aber man muß immer herausfinden, wer, welches Wer da spricht.

M: Das hat schon Flaubert mit »Madame Bovary« eine Menge Ärger gebracht.

J: Es hat auch mir schon jede Menge Ärger gebracht, aber ich bin es gewohnt, daß meine Sachen mißverstanden werden.

M: Was mich sehr verwirrt hat an dem »wir sind lockvögel baby«, ist folgendes: Sie haben ja die Form eines Kaleidoskops gewählt. Bei diesem bleiben – pop-artgemäß – die Elemente konstant, aber im Fortgang, bei jeder neuen Drehung, verändern diese, infolge des neuen Kontexts, ihre jeweilige Bedeutung. Dies geht hier so weit, daß die Protagonisten ihre Identität radikal verändern, womit es aber für mich als Leser arg verwirrend wird. Z. B. wird der Beatle John ein Mädchen, das von Beatle

Paul durchgevögelt und mit großem Ernst sozial gefördert wird. Gleich anschließend wird Beatle Paul zum »neger... (und) us olümpiakämpfer für mexiko«, eine Identität, die kurz vorher eine Ihrer eigenkonzipierten Hauptfiguren, nämlich Otto innehatte. Der erwähnte Otto ist überhaupt ein wahres Chamäleon an Identitätswechsel, er hat ungefähr ein Dutzend. Er ist praktischer Arzt; dann besitzt er einen »gefieder... schwanz und schenkel wie ein rechter spechtkönig so schnitt er denn mit der sichel allem was da flügelte die haare ab«; dann hat er »eine schwielige arbeiterfaust«; einige Seiten später sind »seine spielkameraden... kiffer säufer lehrlinge homos abschaum«; auf der nächsten Seite ist »die junge dame war das sei gleich verraten unser otto«.

J: Das ist ja richtig polymorph-pervers...

M: ...ja, und schließlich kriegt Otto noch ein Kind. Was Sie so kommentieren: »otto ist ein brutaler schläger und killertüp... aber so in seiner eigenen schweren stunde... (zittert) er wie alle mütter sehnsüchtig dem ersten schrei seines prackers entgegen...«

J: Na ja, das ist doch recht hübsch. Was soll man dazu sagen? Offenbar hatte ich damals viele schmerzliche Erfahrungen noch nicht gemacht. Da war ich noch in einer sehr machtvollen Erzählerposition, hatte ein Omnipotenzgefühl, daß ich sozusagen alles kann und alles möglich ist beim Schreiben, was man sich, als Frau zumindest, eigentlich nur anmaßen kann. Denn wenn man später dann auf den Markt der Waren geworfen ist und dort als Frau bestehen soll, kommt man ganz schön damit in die Bredouille. – Diese Stellen, die Sie zitiert haben, rühren mich direkt, denn sie zeigen eine unglaubliche Unbekümmertheit, geradezu einen Höhenkoller, der mich damals beim Schreiben offenbar überkommen hat: alles schaffen zu können, alles zerstören zu können, alles verändern zu können. Dieses Machtgefühl ist mir offenbar total abhanden gekommen, weil man ja sehr früh lernt, daß das eben nicht vorgesehen ist oder daß man sich das erst mühsam erkämpfen muß. Damals hat man mich ja noch gelobt, da war ich ja noch ein neues, junges und unverbrauchtes Talent. Ich habe nie wieder so farbige, freundliche Kritiken bekommen, denn sobald ich mich mit den »Liebhaberinnen« in die Niederungen des wirklichen Lebens begeben habe, hat man das nicht mehr gerne gewollt.

M: Ihr eigener Schöpfergrößenwahn, sagen Sie, sei das hauptsächlich gewesen. Für uns Leser ist das außerordentlich verwirrend, weil man sich nirgends so richtig identifizieren kann.

J: An Leser habe ich damals sicher nicht gedacht, und auch später nicht. Das ist aber, glaube ich, bei allen Künstlern so.

M: Mir fiel auf: Sie beginnen ja in den »lockvögeln« mit fundamentalistischem Neuschreib. Ausnahmsfreie Kleinschreibung und keine Satzzeichen. Das mildert sich bei »Michael« ein bißchen, da gibt es wenigstens ein paar Kommata, und bei den »Ausgesperrten« wählen Sie die konventionelle Schreibweise.

J: Die »Ausgesperrten« und die »Klavierspielerin« sind, das wollte ich darin auch einmal machen, relativ konventionelle, realistische Romane, da war es nicht anders möglich. Und ich habe mich auch erst danach wieder den experimentelleren Schreibweisen zugewandt. Aber offensichtlich mußte ich erst durch diesen Realismus durch.

M: Ich sehe aber Gegenbewegungen: In Ihren Prosatexten geht die Entwicklung von Pop-art zum Realismus. Bei Ihren Theaterstücken ist es umgekehrt. Ihre ersten sind relativ modern-konventionell, so die »Nora«-Fortsetzung und das Schumann-d'Annunzio-Stück, und dann Stück um Stück werden sie surrealistischer oder absurdistischer.

J: Die ersten Stücke habe ich natürlich später geschrieben als die ersten Prosatexte, nämlich schon zu einem

Zeitpunkt, als ich in der Prosa noch realistischer war. Außerdem mußte ich mir ein neues Medium erarbeiten, da ging es einfach nicht anders. Da mußte ich in der »Nora« z. B. das Brechtsche Lehrstück sozusagen nachahmen, bzw. weiterführen. Und Theater sind patriarchale Apparate, in die Frauen ohnehin nicht eindringen können, d. h., es war auch eine gewisse Angst damit verbunden.

M: Ist das wirklich so?

J: Da hat sich überhaupt nichts verändert. Die Frau im Theater kann nur als Schauspieler reüssieren oder vielleicht als Dramaturgin, aber nicht schöpferisch. Das hat sich erst in den letzten Jahren geändert. Es gab ja kaum Regisseurinnen. Jetzt gibt es einige, und es gibt auch Frauen, die Stücke schreiben, aber ich kenne nur wenige deutsche Dramatikerinnen. Theater ist kein Ort für Frauen, genausowenig wie die Musik. Ich weiß nicht, woran das liegt. Vielleicht an der Ich-Schwäche oder daran, daß sie eben nicht in diese Institution hineinkommen. Z. B. wünsche ich mir seit langem einen monomanischen Regisseur, der meine drei Stücke, die als Trilogie angelegt sind, »Wolken.Heim«, »Totenauberg« und »Raststätte« zusammen aufführt, aber so monomanische Projekte werden dem Werk einer Frau nicht gewidmet. Das passiert vielleicht, natürlich zu Recht, einem Heiner Müller, dessen »Hamletmaschine« acht Stunden oder seine »Orestie« zehn Stunden am Stück aufgeführt werden.

M: Shakespeare wird manchmal auch die Ehre zuteil...

J: Das jedenfalls wünsche ich mir sehr, und wäre es nur eine Leseaufführung, denn die Stücke gehören zusammen. Sozusagen erst einmal die Wegbereiter der idealistischen Philosophie, die Wegbereiter des Ausschlusses, der Zeitenwende, der Wegfall der Blöcke und dann das Kinderposthistoire und das, was draus geworden ist, als Farce oder als Satyrspiel. Das ist mein einziger Wunsch an das Theater, daß sich einmal eine adäquate szenische Phantasie finden würde, die das umsetzt. Aber das wird nie etwas, oder vielleicht, wenn ich achtzig bin.

M: Vielleicht wird es in Hamburg in der Kampnagel-Fabrik etwas.

J: In Hamburg sind Sie ja sowieso gut dran, dort haben Sie die großartige Christina Weiss, um die man Sie nur beneiden kann. Eine der ganz wenigen übrigens, die von Anfang an »Lust« geschätzt hat. Damals war sie noch nicht Kultursenatorin, sondern Leiterin des Hamburger Literaturhauses und hat in dieser Funktion eine große Veranstaltung zum Buch gemacht. Sie hat immer wieder versucht, das Buch ins richtige Fahrwasser zu bringen, denn der Text ist ja in der Rezeption furchtbar entgleist. Vielleicht auch mit durch meine Schuld, weil ich zuviel und zu falsch erklärt habe, wovor ich mich jetzt hüte.

M: Diese weibliche Abstinenz (in doppeltem Sinne) ist für mich weder beim Theater noch bei der Musik zu verstehen.

J: Für die Musik habe ich schon eine Theorie. Es gibt sicher auch andere, aber ich denke, daß die Erziehung der Frauen immer noch nicht darauf gerichtet ist, daß man eine Sache um ihrer selbst willen tut, und bei der Musik ist erst mal eine vordergründige Nutzanwendung nicht gegeben. Erst jetzt beschäftigen sich Frauen mit Musik, also mit der äußersten Abstraktion. Da gibt es das Orchester, einen großen Apparat, der einem viele Hindernisse in den Weg legt. Zum Beispiel durfte die Schwester von Mendelssohn, Fanny Hensel, also aus dem jüdischen Großbürgertum, ihre Sachen nur in Hauskonzerten hören. Sie durfte nicht in der Öffentlichkeit auftreten. Es wurde ein Orchester ins Haus bestellt, und dann durften die das Werk der Fanny spielen.

M: Apropos Mendelssohn muß ich Sie fragen: Das Judentum in seiner positiv geistigen Form wird nie beschrieben bei Ihnen?

J: Ich habe jüdische Tradition in dem Sinne nicht mitgemacht, weil meine Familie agnostisch war. Es gab zwar, vor Generationen, Rabbiner in der Familie, aber mein Großvater war ein Arbeiterführer, einer der Begründer der österreichischen Sozialdemokratie. D. h., dieser Teil meiner Familie war sehr politisch engagiert. Das Judentum in der Familie hat sich nur durch die Abwesenden eingeschrieben, durch die Verschwundenen, die nicht mehr aus dem Osten zurückgekommen sind. Das ist ja dieses Verschwinden, dieses Wegnehmen einer Anwesenheit, was mich sehr beschäftigt. Auf eigenartige Weise beginnt und schließt sich der Kreis meiner Beschäftigung mit dem Fremden mit meiner Großmutter mütterlicherseits, die der eigentliche Dämon der Familie war. Sie war Deutsch-Rumänin. Eine »Tschuschin«, wie man heute in Österreich sagen würde, ein verächtlicher Ausdruck für die Slawen, die Armen. Das war meine Großmutter zwar nicht, sie war die Tochter des Bürgermeisters, also eines Honoratiors, aber in Wien kam sie von da unten, vom Balkan. Und mein Großvater war ein Mann aus der Wiener Großbourgeoisie, und mit dieser Gesellschaftsschicht kam meine Großmutter überhaupt nicht zurecht. Ihre späteren Entgleisungen haben sicher mit der Verachtung zu tun, die sie als Fremde in Wien erlebte und nicht verkraften konnte. Das ist ein Thema, das mich schon sehr beschäftigt.

M: Hitler hat dieselbe Entwicklung genommen. Seine Familie hatte einen jüdischen Hausarzt, der sich um seine Mutter bis zu ihrem Tode gekümmert hat, bei dem Hitler sich freundlich und auch offenbar ehrlich bedankt, aber irgendwann zwischen 1907, dem Tod seiner Mutter, und 1924, dem Schreiben von »Mein Kampf«, wird er fanatischer Antisemit.

J: Er wurde übrigens in seiner Karriere als bescheidener Postkartenmaler nur von einem jüdischen Kunsthändler unterstützt. Das war der einzige, der ihm überhaupt ein bißchen Geld hat zukommen lassen.

M: Die plausibelste Hypothese, die ich kenne, ist die von einem seiner Biographen, der sagt, daß ihm diese Mischbevölkerung in Wien angst gemacht hat. Dieses Durcheinander von Tschechen und Polen und Kroaten etc., und das hat er dann an den Juden festgemacht. Und dann hatte er natürlich noch die Vorbilder der prominenten Wiener Politiker, Karl Lueger und Georg von Schönerer.

J: Und dann diese Zeitschrift, heute vergleichbar etwa mit »Die Weisen von Zion«. Das waren antisemitische Schundheftchen, etwas anderes konnte er ja nicht verstehen als ungebildeter junger Mensch, der seine Bildung aus – wie man heute sagt – Schund bezog. Das sagt Karl Kraus schon in seiner zweiten »Walpurgisnacht«, daß die Deutschen unser Unglück gewesen sind. Diese Minderheit in der deutschsprachigen Monarchie, meistens Sudetendeutsche, haben den stärksten Haß abgesondert. Und man merkt, daß es ein Intellektuellenhaß war, ein Haß auf alles, was anders ist und, vor allem, was denkt.

M: Auf das Nicht-Völkische?

J: Ja. Man fühlt sich vom Fremden immer bedroht. Das merkt man beim Haider jetzt auch wieder. Diese tiefe Geistfeindlichkeit, die sich im Grund gegen uns Künstler und Intellektuelle richtet. Der eigentlich bedrohliche Feind ist der Intellekt. Das wird bei Hitler in diesem diffusen Völkergemisch ebenso gewesen sein, der eigentliche Feind war die Intelligenz.

M: Themenwechsel: Hatte Ihr Vater die Alzheimer Krankheit?

J: Man weiß nicht, was er hatte. Es gab schon in relativ jungen Jahren eine stark neurotische Verstimmtheit und in seinen späten Jahren dann die vollkommene Verblödung. Es kann sowohl ein Alzheimer als auch eine Berufskrankheit gewesen sein. Er kann sich z. B. durch das Einatmen von diversen toxischen Substanzen vergiftet haben. Ich weiß nur, wie es sich gezeigt hat. Es war völliger Verlust von Identität und Sprache, und das bei einem sehr klugen Mann, der gerade verbal virtuos war. Es wurde immer weniger. Es gab auch komische Dinge, aber insgesamt war es ein Schrecken, und im nachhinein, in der Rückbesinnung, erst recht, weil ich ihn eben nicht gut behandelt habe. Es ist leider so, daß kein Mensch so einen Menschen auf die Dauer um sich ertragen kann, ohne aggressiv zu werden – geschweige denn ein Mädchen in der Pubertät, das für ihre Identitätsentwicklung diesen Vater ganz dringend gebraucht hätte. Der war aber nicht da, der verschwand, als Mann und als Mensch. Also ein vollkommener Abbau.

M: Sie waren elf oder zwölf?

J: Ja. Es war ein langer Prozeß, und als er dann gestorben ist, war er zwar siebzig Jahre alt, aber eigentlich schon seit etlichen Jahren tot.

M: Ist er die ganze Zeit bei Ihnen gewesen?

J: Er ist lange, ganz lange zu Hause geblieben, bis es halt nicht mehr ging, weil er keinen Augenblick mehr unbeaufsichtigt sein konnte. Aber er ist ganz lange zu Hause gewesen, und das ist etwas, was ich nicht gut verkraften konnte und was verbunden ist mit diesem Schuldgefühl, mit dem ich noch nicht fertiggeworden bin und worüber ich im Grunde auch noch nicht schreiben konnte. Vielleicht werde ich es, wenn ich mehr Abstand habe, selbst älter geworden bin, können. Aber jetzt kann ich es noch nicht. Wie ich ja überhaupt sehr verschlüsselt in meinen Texten vorkomme. Außer der »Klavierspielerin« habe ich ja den Zwang, so zu verschlüsseln, daß ich unkenntlich bin. Andere Autoren können ja immer nur über sich schreiben.

M: Das machen Sie auch in Ihren Interviews. Ich habe in meinen Notizen zu diesem Gespräch geschrieben: »Auf ein Schwein anderthalbe.« Wenn ein Interviewer Sie in eine verpönte Ecke, z. B. die Maso-Ecke, zu drängen versucht, dann setzen Sie anderthalbe drauf, und dann wird es in der Übersteigerung wieder undurchsichtig.

J: Ja, ich abstrahiere mich.

M: Es wird ins Groteske überzeichnet.

J: Ich selbst bewahre mich da. Über mich habe ich eigentlich noch nie wirklich gesprochen.

M: Die »Klavierspielerin« ist Ihr autobiographischstes Buch.

»Die Klavierspielerin« (1986): Das Fräulein Professor Erika Kohut ist Klavierlehrerin am Konservatorium der Stadt Wien und Kreatur ihrer Mutter, neben der sie im Ehebett schläft. Die Fesselung ist so intensiv und gegenseitig und besteht auf Mutterseite aus Besitzgier und -stolz und auf Erikaseite aus Haßliebe. Der Vater ist in einer Anstalt verwahrt, die der pekuniären Irrenverwertung dient.

Fräulein Erika rebelliert gegen ihre Mutterfesselung zwiefach: Einmal offen mit dem Kauf schöner und kostspieliger Kleider, die sie allerdings nie anzieht, sondern hortet – zum andern geheim und sexuell: In Schaulust besucht sie Peepshows und Pornofilme und verfolgt Sexpaarungen im Prater. Ferner fügt sie sich mit Rasierklingen Verletzungen zu.

Als ihr halb so alter, ebenso talentierter wie gutaussehender, und nicht wenig eingebildeter Schüler, Walter Klemmer, sich in Erika verliebt und sie intensiv umwirbt, entsteht der Geschlechterkampf als Mißverständnis. In der ersten sexuellen Begegnung setzt Erika ihren Willen durch, dann aber schreibt sie Walter einen Brief, in welchem sie Fesselung, Schläge, Tritte und Peitschenhiebe erbittet und daß er sie anpißt. Das Motiv ist scheinbar klassisch masochistisch: »Erika möchte Schwäche zeigen, doch die Form ihrer Unterlegenheit selbst bestimmen ... Je mehr Gewalt er über sie erhalten wird, um so mehr wird er aber zu ihrem, Erikas, willigem Geschöpf.« Insgeheim, und deswegen unerfahrbar für Walter Klemmer (und leicht überlesbar für den Leser), erhofft sich Erika das Gegenteil: daß Klemmer aus echter Liebe auf Knechten und Strafen verzichtet.

Folgerichtig wendet Erika ihr Messer dann doch nicht gegen Klemmer, sondern gegen sich selbst – allerdings ohne tödliche Folgen.

J: Sicher. Da ist ja auch ein kurzes Kapitel, wo der Vater sozusagen abgeschoben wird von beiden Harpyien, die ein Doppelgeschöpf sind. Übrigens ist mir nie bewußt geworden, und ich komme in diesem Augenblick drauf, daß das Doppelgeschöpf am Ende der Krankheit diese Mutter und diese Tochter sind. Die Tochter, die nie geboren wurde und immer ein Teil vom Körper der Mutter geblieben ist. Das steckt psychoanalytisch wahrscheinlich hinter dem Doppelgeschöpf. Ich bin immer gefragt worden, was ich damit meine, und habe dann gesagt, die sind halt am Schluß zusammengewachsen. Ich konnte es bis jetzt nicht erklären, aber es muß das sein: eine weibliche Instanz, die unglaublich beherrschend ist, auch wenn sie sich in dieser Kultur nicht so einschreibt wie das Männliche. Die Männer haben sehr viel mit dieser Abwehr des Weiblichen zu tun, um überhaupt existieren zu können. Umgekehrt gibt es als neuere feministische Fortschreibungen des Freudschen Penisneids die Theorie, daß man grundsätzlich das andere, das man nicht hat, wiedergewinnen will. Die feministische Psychoanalytikerin Jessica Benjamin beschreibt es folgendermaßen: Ein kleiner Bub hat mit seiner Mutter gebadet. Nun rinnt das Wasser in den Abfluß, und er fängt irrsinnig zu schreien an, weil er in diesem schwarzen Loch, in dem das Wasser verschwindet, das schwarze Loch der Mutter sieht, in das er wieder hineingesogen wird. Ein sehr starkes Bild, das mir einleuchtet. Ein kleines Mädchen, das sieht, daß es keinen Penis hat, und ein kleiner Junge, der sieht, daß er keine Brüste hat, das ist aber nicht auf der gleichen Ebene.

M: Ich glaube, was die Feministinnen übersehen ist, daß für fünf-, sechsjährige Mädchen ja die Brüste und Mutterschaft ein Versprechen auf die Zukunft sind, und was man von den Versprechen der Erziehungsberechtigten zu halten hat, weiß eine Sechsjährige sehr gut. Dagegen der Penis des Bruders oder des Spielkameraden ist leibhaftig vorhanden, und damit können die Jungs eben die Mauer hochpinkeln. Für die Vier-, Fünf-, Sechsjährigen ist das schon ein reales Plus, das der eine hat und die andere nicht.

J: Ich würde auch sagen, daß der Gebärneid etwas ist, was bei Männern später einsetzt.

M: Wobei das natürlich auch von der Umweltsituation abhängt. Wenn da gebärdende Frauen sind, kann er früher erfahren, was da für eine Kompetenz ist, die ihm verschlossen bleibt.

J: Aber das ist in unserer Kultur ja nur selten, daß ein Junge mit einer gebärenden Mutter im selben Zimmer ist. Sie sehen vielleicht den schwangeren Bauch, aber beim Gebären selbst sind sie ja nicht dabei. Nur später manifestiert es sich dann in den männlichen Werken: in der ganzen Kultur, nehmen wir z. B. diese Fertilisationstechnologien. Es wird ja schon daran gearbeitet, die Gebärmutter nachzubauen. Es wird ihnen sicher gelingen. Irgendwann wird die Frau als biologisches Wesen, nachdem man sie immer darauf fixiert hat, nicht mehr nötig sein.

M: Das kann man auch gegenteilig sehen. Ich sage immer, die Mann-Frau-Polarität kann nur medizinisch gelöst werden. Wir müssen die eine Hälfte der Schwangerschaft, und zwar wenn möglich die zweite, in die Bäuche der Männer verlagern.

J: An sich steht ja nicht so viel dagegen, irgendwann wird man das schon können.

M: Es ist medizinisch-technisch schon außerordentlich kompliziert. Aber gesetzt den Fall, Männer erleben Kindesbewegungen in ihrem Bauch und können – und sollen dann auch – die Neugeborenen an ihren Brüsten nähren, dann haben *sie* jetzt den Beziehungsvorsprung und die Bindungsverpflichtung, wogegen ihre Frauen nur am Bauchumfang ihres Partners und durch gelegentliches Tasten ihre Elternschaft erfahren, wie eben bisher die Männer. Dann würden die Männer in ganz anderer Weise an ihre Kinder gefesselt sein und würden »in Mutterschutz« gehen und die Aufzuchtsverantwortung übernehmen.

J: Aber das tun sie sicher nie.

M: Nein, selbst wenn man es könnte, würden sie's nicht machen.

J: Aber sie wollen es vielleicht einer objektiven Instanz überlassen, damit sie die Mutter, die Frau für sich behalten können und nicht an das Kind verlieren. Es ist schon eine sehr starke Bindung. Allein in meinem winzigen Bekanntenkreis habe ich so viele Ehen zerbrechen sehen nach der Geburt eines Kindes, weil der Mann diese Konkurrenz nicht verkraften konnte. Also, wenn sie einen Apparat erzeugen könnten, könnten sie die Mutter für sich behalten. Wobei, wenn man auf Freud zurückkommt...

M: Nein, einen Apparat habe ich nicht gemeint...

J: Ich meine es aber so. Ich habe es übertragen auf einen entgegengesetzten Vorgang. Wenn Freud dem kleinen Mädchen oder der späteren Frau die Fähigkeit zu kulturellen Schöpfungen abspricht, weil sie nicht so sublimieren muß wie der Mann, so sehe ich umgekehrt in der Abstraktionshaltung des Mädchens, ihr Primärobjekt zu wechseln, nämlich die Mutter gegen einen Mann auszutauschen, die größere Leistung. Ein Mann kann ja sein Leben lang seine Mutter vögeln, sein Leben lang die Mutter suchen, was auch viele tun. Also auch von da kann ich kein Unvermögen der Frau ableiten. Ich würde immer sagen, daß die intellektuelle Leistung der Frau, denn das Primärobjekt aufzugeben ist mehr als eine Triebleistung, die höhere ist. Und Freud sagt gerade umgekehrt, daß das Über-Ich der Frau nicht so stark ist, daß sie eben nicht sublimieren muß und deswegen nicht zu Kulturleistungen fähig ist. Ich kann das nicht nachvollziehen. Ich will es auch nicht, es ist eine narzißtische Kränkung für viele Frauen.

M: Natürlich. Vor allem für die intelligenten.

J: Ich halte mich im Prinzip nicht für sonderlich intelligent, für künstlerisch, musikalisch begabt vielleicht. Mein größtes Manko ist mein Verstand, der mir zu gering erscheint, was mich furchtbar quält. Vielleicht ist auch das eine Anmaßung. Oder vielleicht darf man, um Kunst produzieren zu können, nicht zu intellektuell sein. Man muß gleichzeitig eine Erstlingsnaivität haben, um überhaupt Dinge beschreiben zu können. Zuviel Wissen kann auch hemmen.

M: Das glaube ich auch. Wissen kann das Fabulieren hemmen.

J: Ja, und ich glaube, die Fähigkeit dazu würde man verlieren, wenn man zuviel wüßte, aber ich leide furchtbar darunter, daß ich schwierige philosophische Texte nicht verstehen kann oder mich sehr damit abquäle. Das ist ein echtes Leiden, und niemand glaubt mir das, jeder widerspricht. Das wäre reine Koketterie etc., wobei ich keinerlei Grund sehe, kokett zu sein. Es ist ein wirkliches Leiden. Ich kann noch nicht einmal lesen...

M: Was meinen Sie mit schwierigen philosophischen Texten, an was denken Sie da?

J: »Sein und Zeit« z. B. oder die Husserl-Phänomenologie...

M: Naja, damit haben viele Männer auch reichlich Schwierigkeiten.

J: Ich würde das gern verstehen können. Seltsamerweise kann ich auch Schopenhauer nicht lesen, obwohl mir alle sagen, daß er so sinnlich wäre und eigentlich ein Vergnügen. Nietzsche schon, aber Schopenhauer nicht.

M: Ich würde sagen, daß Schopenhauers Frauenhaß Sie abstößt...

J: So weit bin ich ja gar nicht vorgedrungen. Wenn ich anfange, »Die Welt als Wille und Vorstellung« zu lesen, komme ich über die ersten Seiten nicht hinaus. Und ich sehe auch keinen Sinn darin, es zu lesen. Bei Nietzsche sehe ich einen. Das ist eine wunderbare Sprache und eine starke Emotion...

M: Nietzsche war mindestens ebensoviel Künstler wie Philosoph.

J: Ja, eben. Nietzsche ist der einzige Philosoph, den ich mit Genuß lese. Übrigens ist es mir auch unmöglich, diese ganzen poststrukturalistischen Denker, Derrida und wie sie alle heißen, zu lesen. Man müßte mit de Saussure anfangen und sich das langsam erarbeiten, aber ich lese dann immer lieber Kriminalromane.

M: Das interessiert mich, weil ich selber ein großer Krimileser bin.

J: Das ist erfreulich. Eine gleichgesinnte Seele.

M: Kriminal- und Spionageromane.

J: Ja, aber ich lese auch gern über reale Fälle. Dieses Genre hat hier leider keine Tradition, sondern ist eine angelsächsische Spezialität, aber ich liebe diese Rekonstruktionen tatsächlicher Kriminalfälle bis ins kleinste Detail, bis auf den genauen Zeitpunkt des Aus-dem-Haus-Gehens. Der eine sagt fünf vor zwölf, der andere sagt, es war schon halb eins. So etwas begeistert mich.

M: Meinen Sie so etwas wie Truman Capote in »Kaltblütig«?

J: Nein, das ist mir in der Tat zu kalt. Nein, Sachen ohne literarischen Anspruch. Es geht mir um berühmte Prozesse. Beispielsweise um den Fall Christie, den Frauenmörder. Oder dieser aktuelle, unglaublich interessante Fall in Gloucestershire: Ein Paar, das seine eigenen Kinder sexuell mißhandelt und dann umgebracht hat, einer der wüstesten Fälle, die ich kenne, und ich bin schon sehr gespannt, wie da plädiert werden wird.

M: Das wäre für Sie eine Neuauflage der »Ausgesperrten«?

J: Es fasziniert mich ungeheuer. Was da passiert, das würde ich gerne verstehen. Das ist offenbar eine Art folie à deux gewesen bei diesem Ehepaar, die auch die eigenen Kinder verschlingt. Es gab schon einmal einen solchen Fall, über den ich einen literarischen Text geschrieben habe: Ein junges Paar zieht sich zusammen mit seinem Säugling, den es sehr geliebt hat, auf ein

Wochenende zurück und vögelt nur miteinander. Irgendwann bringen sie dieses Kind um und machen dann neben der Leiche weiter. Offenbar gibt es so eine Art von Wahnsinn, der zwei Leute erfassen kann, der alles verschlingt in ihrer Umgebung, der kein Drittes, der nichts mehr zulassen kann. Und oft ist es eben das Kind, sind es die Kinder.

M: Sie interessiert eigentlich mehr das Kriminelle, das Böse, das Gewalttätige an den Kriminalromanen?

J: Ja, weil ich es als ein Ventil sehe, durch das sich die allgemeine Brutalität einer Gesellschaft wie in einem Dampfschwall Bahn bricht. Ich glaube, darin besteht die Faszination. Aber es ist auch das Verrätselte, das Verborgene, und letztlich muß immer irgendeiner dran glauben.

M: Ja. Das endet meist mit einem Massaker. Doch bevor wir auf dieses Thema eingehen, das bei Ihnen meist mit Geschlechterkampf verbunden ist, nochmals zum Topos »Heimat«. Für Sie ist die Steiermark einerseits einer der schönsten Orte, wohin Sie immer gern wieder gehen, andererseits wird sie als Naturexperiment mit Doppelmoral beschrieben: Man ist gastfreundlich gegenüber Fremden, aber nur zu denen mit Geld, die ohne verjagt man – eine Doppelmoral ähnlich derjenigen der Männer im Sexuellen. Der Topos »Heimat« erscheint bereits in Ihrem allerersten Buch »wir sind lockvögel baby«: »die dicke edeltraut... war es welche den vieren (= Beatles) wieder ihr vaterhaus ihre eltern die sie geboren und erzogen die pritschen die sie gefickt die pissoirs die sie beschmiert kurz all das was für den durchschnittsmenschen von heute mit dem begriff heimat & scholle verbunden ist in erinnerung bracht.«

J: In den »lockvögeln« kommt Heimat als ironisches Zitat vor, eher etwas, von dem man sich distanziert. In den Liebhaberinnen...

M: Da wird es ganz deutlich.

J: Das ist dann eine Versuchsanordnung für die Klassengesellschaft, ohne jeden Ausweg.

M: Heimat hat für Sie u. a. etwas Miefiges, etwas Kleinbürgerlich-Enges. In dem »Burgtheater« gibt es eine Stelle, ich zitiere: »Heimat! In Tau und Gunst! Hollero. Die Gemse. Der Steinbock. Der Adler auf der Klippe Horst. Der Hecht in der Tiefe. Das Huflattichblatt. Der Kogel und der Mugel. Das Tier der Heimt. Kümmert sich der Bauerr net ums Reh, geht der Wildstand net in die Höh.!« Sie kritisieren durch Verballhornung, aber Ihre Kritik bleibt Spott, es fehlt der böse kritische Biß.

»Burgtheater. Posse mit Gesang« (Uraufführung Bonn 1985): Von dem Burgschauspielertrio sind Istvan und Schorsch Brüder und Käthe des ersteren Frau. Eitel, dumpf, oberflächlich, neidisch und auch privat immer wieder rollenspielend, bramarbasieren sie, wie sie dem Führer gefallen, großdeutsche Beliebtheit erringen und für jeden Hitlerjungen und jedes Blitzmädel das Burgtheater zu einem Inbegriff vaterländischen Stolzes machen können. Unflätige Judenbeschimpfungen wechseln ab mit Entwürfen törichter Heimatschnulzen.
Resi, Istvans mittellose Schwester, dient als ergebenes, ausgebeutetes und von Käthe regelmäßig verprügeltes Allzweckfaktotum. Drei kleine Töchter, gierig, laut, gefräßig, unerzogen und unsystematisch verprügelt, begleiten die Handlung.
Das Trio wird von Grillparzers Alpenkönig besucht, der sich auf Österreich beruft und für Widerstandszellen sammelt. Er wird abwechselnd als Bolschewist, Weltjude, Ausländer oder Vaterlandsverräter beschimpft und jubelnd zerstückelt. Das Trio findet, daß es seit dem Anschluß nie mehr so gelacht und seit dem Heldenplatz nie mehr so geschrieben hat. Das Trio möchte zurückgebliebenen Kindern noch eine letzte Freude bereiten, bevor diese »abgespritzt« werden.
Während der erste Teil 1941 spielt, also im »Totalen Krieg«, spielt der zweite 1945, kurz vor der Befreiung durch die So-

wjets. Resi versteckte einen Zwerg, selber Burgschauspieler. Käthe und Istvan entdecken ihn und verlangen, daß er bezeugt, daß das Trio ihn selbdritt vor der Euthanasie rettete. Der Zwerg aber verlangt, Käthes Töchterlein zu freien. Schwager Schorsch hat sich mit einem »jüdischen Dreh« noch gerade rechtzeitig verhaften lassen und ist nun selber Verfolgter. Zusätzlich versuchen alle, den Zwerg zu halten. Das Stück endet mit einem Rondo aus Schlagworten der Wiener Volkskultur durchmischt mit Nazibegriffen.

J: Der Grund, warum ich das Burgtheaterstück geschrieben habe, ist nachzuweisen, daß diese faschistische deutsche Provinzsprache nie entnazifiziert worden ist, sondern sich bruchlos in den Heimatkitsch der fünfziger Jahre bis hin zur »Schwarzwaldklinik« fortgepflanzt hat. Daß also die Sprache das Eigene unter Ausschluß des Fremden für sich reklamiert. Das Pochen auf das Eigene gegen das Fremde, daß man das Eigene nicht befruchten oder durchdringen lassen will. Ich denke da an Husserl und Heidegger. Husserl als der Europäer, der das Fremde als die Bereicherung des Eigenen begreift, und Heidegger als Blut- und-Boden-Philosoph, der nur das Eigene gelten läßt. So wie die Nazis alles Fremde als Bedrohung oder verjudet oder beschmutzt begriffen haben, steht dieser monströse Kitsch der Eigentlichkeit, und der pflanzt sich bis heute fort. Auch Botho Strauß hat mit seinem »Bocksgesang« einen monströsen Kitschtext produziert, was bis heute niemand in dieser Deutlichkeit ausgesprochen hat. Dieses Raunen, dieses Eigene, das man sich fremd macht als etwas Geheimnisvolles, was natürlich nur für wenige Eingeweihte verständlich ist.

M: Da raunt's und wabert's immer.

J: Es ist interessant, daß die Deutschen immer dann ungenau werden, wenn es um konkrete politische Dinge geht. Da können sie plötzlich nicht mehr aussprechen, was gemeint ist. So ist es übrigens auch bei Ernst Jünger, der jetzt wieder vergötzt und von Staatsoberhäuptern und Chefdenkern von der »Frankfurter Allgemeinen Zeitung« besucht wird. Es ist monströser Kitsch im Sinne von Hermann Broch, der ja einer der wenigen Schriftsteller war, die Kitsch definiert haben. Für mich sind die »Stahlgewitter« Militärkitsch. Selbst wenn sie nicht dezidiert antisemitisch sind, selbst wenn sich der alte Ernst Jünger über Antisemitismus heute geradezu entsetzt zeigt, sozusagen als Schöngeist, der sich für einen ausgesprochenen Antisemitismus zu gut ist. Also dieser Ausschluß des anderen und dieses Beharren auf das Eigene, das einem sozusagen im Blut liegt, durchzieht alles.

M: Es war Heidegger, der sagte, daß es nur zwei Sprachen gibt, in denen man denken kann: Altgriechisch und Deutsch.

J: Weil diese beiden Sprachen strukturell ähnlich sind. Deswegen hat übrigens Farias sein Buch über ihn geschrieben, weil er so entsetzt war. Er wollte eigentlich Heidegger ins Spanische übersetzen, und Heidegger hat gesagt, daß man sein Denken nicht in so eine primitive Sprache wie die romanische, z. B. die französische, in der man gar nicht denken könne, übersetzen könne. Interessant ist in diesem Zusammenhang, daß die Heidegger-Rezeption nach dem Krieg in Frankreich viel stärker war als in Deutschland, wo er noch verpönt war, zumindest ein Lehrverbot hatte. Und diese französischen Philosophen sind heute alle in der neuen Rechten.

M: Ja, die frühen.

J: Es gibt auch eine Links-Heidegger-Rezeption, aber auch da ist diese Bewunderung vorherrschend.

M: Ich habe bei »Burgtheater« angenommen, daß es sich primär um die Denunziation dieser engstirnigen, größenwahnsinnigen und korrupten Burgtheaterschauspieler handelt, konkret um deren Einbindung in diese Institution, die damit ihren Auftrag als moralische Anstalt verrät.

J: Ja, natürlich, die haben sich als Usurpatoren verhalten, aber es ist eigentlich eine Sprachkritik. Ich wollte eine bestimmte Sprache in einer Kunstsprache denunzieren. Nein, es ist keine Kritik an Leuten, oder besser, nicht nur, es ist eine Sprachkritik.

M: Also eine literarische Exekution.

J: Wobei »Burgtheater« im Grunde genommen seine Berechtigung immer noch hat, wenn man die Verlogenheit der Jubiläumsfeier betrachtet. Die haben es doch wirklich geschafft, so wie etwa die Deutsche Bundesbahn, ihre Nazivergangenheit einfach auszuklammern. Ich weiß aber, daß die jüdischen Schauspieler am Tag nach dem Anschluß nicht einmal die Gagen abholen durften. Die haben sie beim Portier gekriegt, weil sie das Haus nicht mehr betreten durften. Der Turrini hat das recherchiert.

M: In Ihrer Sprachkritik der Burgtheater liegt die Gefahr, daß der Normalzuhörer nicht mehr ganz begreift, wohin Ihr Angriff zielt. Daß also das Denunziatorische und der Biß, den Sie sonst haben, in der sprachreplizierenden Verballhornung verschwinden.

J: Ich hoffe nicht, denn die Texte, die ich dafür verwendet habe, sind ja zum Teil Zitate aus den Nazifilmen, die die heute so bewunderten Burgtheatergrößen damals gedreht haben und die ich am Schneidetisch mitgeschrieben habe. Vor allem aus »Heimkehr«, dem schlimmsten Nazipropagandaspielfilm der Filmgeschichte, der bis heute nicht öffentlich gezeigt werden darf.

M: Schlimmer als »Hitlerjunge Quex«?

J: Schlimmer. Schlimmer auch als »Jud Süß«. Dieser Film »Heimkehr« ist 1941 gedreht worden, um den deutschen Überfall von 1939 auf Polen nachträglich zu rechtfertigen. Und da hat eine Paula Wessely, da haben alle mitgespielt. Und wenn sie heute sagt, sie wußte nicht, woran sie mitgewirkt hat, dann kann man das ja zeigen. Sie sagt in diesem Film deutlich: »Sie wissen doch, wir kaufen nicht bei Juden.« Ein Schauspieler, der so etwas in einer Rolle ausspricht und dann sagt, er hätte nicht gewußt, was er getan hätte, ist nicht vorstellbar. Es geht dabei um diejenigen, die sich rechtzeitig aus der Geschichte herausgestohlen haben und denen es gelungen ist, sich als Unschuldige vor der Welt zu präsentieren. Es geht um die Verlogenen, die sich selber freigesprochen haben. Die Deutschen haben zumindest im Kulturbereich ununterbrochen Buße getan, zwar nicht innerhalb der Justiz und der Medizin, wo die entscheidenden Täter ein friedliches Alter genießen konnten, aber im Kulturbereich haben sie viele kritische Filme, Fernsehspiele, Hörspiele etc. gemacht. In Österreich ist das alles ganz schnell unter den Teppich gekehrt worden. Dieser Ucicky, der Regisseur von »Heimkehr«, hat schon in den fünfziger Jahren wieder einen erklärtermaßen pazifistischen Film mit denselben Schauspielern, denselben Machern gedreht, also alles umgepolt. Diese ganz besonders widerwärtige österreichische Variante von Verlogenheit meine ich. Paula Wessely hat schon 1947, glaube ich, vor GIs in Salzburg aus Max Reinhardts »Rede an die Schauspieler« gelesen – und geweint dabei! Diese Verlogenheit: Eine Frau, die einerseits einem jüdischen Regissuer, der emigrieren mußte, ihre Karriere verdankt, und andererseits sofort nach Ende des Krieges sich ihm heulend wieder anverwandelt. Gegen diese Verlogenheit habe ich das Stück geschrieben. Ich habe ihre eigenen Worte gegen sie gekehrt, denn die österreichische Variante war immer schon die Verharmlosung der Folklore.

M: Das ist wirklich ein Phänomen. Es gibt nur zwei Länder, die sich aus der Verantwortung geschlichen haben: Österreich und Japan. Den Japanern ist natürlich Hiroshima zugute gekommen, während die Österreicher es so vollzogen haben.

J: Es hat schon historische Gründe. In der Moskauer Deklaration wurde Österreich von der Sowjetunion, damals hat es zu ihrer Politik gepaßt, als überfallenes

Land betrachtet, das seinen Beitrag zur Befreiung zu leisten hätte. Es gab im Bundesheer, wenn auch schwachen, Widerstand, der konservative Widerstand in Österreich hat immer darauf hingewiesen. Aber vor 1945, wo sich einige Leute geopfert haben, gewissermaßen um die Städte halbwegs zu erhalten, sehe ich eigentlich nicht viel. Ich denke auch, daß es sich um eine Überkompensation handelt, nämlich der kleine Bruder des großen Deutschland will selbst wieder groß sein. Man muß bedenken, daß Hitler ein politisch fertiger Mensch war, als er nach Deutschland gegangen ist. Das hat er alles in Österreich gelernt.

M: Und nichts dazugelernt.

J: Übrigens auch Mengele und Eichmann. Mengele, der genau wie Hitler in Linz, also in Oberösterreich, aufgewachsen ist.

M: Eichmann ist ein Phänomen. Er hat sich ja erst positiv für Juden interessiert. Er hat eine Weile sich jüdische Geschichte angelesen und kommt dann plötzlich dank seiner Vorkenntnisse in die NS-Judenvernichtung.

J: Es war ein guter Angestellter, er hatte ja »nur« mit logistischen Problemen zu tun, er hat sich die Finger nicht schmutzig gemacht im Gegensatz zu einem Heydrich oder vielen anderen. Er war ein guter Beamter. »Die Banalität des Bösen« von Hannah Arendt meint ja genau diesen Typus.

M: Für ihn war es gemeint. Trotzdem: Für mich als Ausländer, der die österreichische Geschichte nicht so kennt, vor allem nicht die Kulturgeschichte – ich wußte z. B. gar nicht, daß die Wessely dem Reinhardt so viel zu verdanken hat, und dann irgendwo in Ihrem Stück sagt: »Mein Salzburg: Mein Gretchen! Jud Ölendiga! Pfui Deufi! Neige Du Schmerzensreiche.« – hätten Sie das nicht deutlicher bringen müssen, damit das Publikum es versteht?

J: Das ist eine künstlerische Frage: Wie deutlich wird man? Man muß sich natürlich vor einer großen Eindeutigkeit hüten, wenn man die Dinge in der Kunst abhandelt und nicht essayistisch oder in theoretischen Aufsätzen, weil man sonst auch wieder Kitsch produziert. Man muß versuchen, die Dinge so zu umschreiben, sie so zu verzerren, daß sie zur Kenntlichkeit entstellt werden. Das bezieht sich auf Thomas Bernhard, aber, auch wenn es irrsinnig oft zitiert wurde, glaube ich trotzdem, daß ich die erste bin, die das verwendet hat: etwas zur Kenntlichkeit entstellen. In der Kunst muß man sich vor allzu großer Eindeutigkeit hüten. Man muß umschreiben, man muß indirekt arbeiten, man muß Bilder finden. Bei der Arbeit, an der ich jetzt bin, habe ich das gleiche Problem. Die thematisiert diese Totenkultur Deutschland/Österreich, die sich ja nicht wie andere Nationen auf die großen Toten in der Geschichte berufen kann, sondern auf die Toten, die sie selbst produziert haben. So ähnlich wie die Wolfshaut von Hans Lebert. Dieses Nichts, das unsere nationale Identität ist, diese Nekropolis. Das mache ich zum Thema, indem ich eine Gespenstergeschichte darüber schreibe, und da spreche ich es natürlich schon deutlich aus.

M: Ein Roman?

J: Ja. Ich verändere hier immer wieder kurze Montagetexte sprachlich, lasse sie als Zeitdokumente für sich sprechen. Da kommen diese Toten und holen sich ihr Leben zurück von den Lebenden, sozusagen als Zombis. Der Titel ist »Die Kinder der Toten«.

M: Klingt interessant. Aber wenden wir uns noch einmal den bösen Männern zu. Von allen bösen Männern und bösen Vätern, die Sie schildern, ist für mich der fieseste, der abstoßendste der Vater Witkowski aus den »Ausgesperrten«. In der »Klavierspielerin« ist der Tyrann die Mutter. Sie hatten aber einen leiblichen Vater, der alles andere war als ein Tyrann.

J: Das stimmt, aber in gewisser Weise war er es natürlich doch. Er hat die Familie in Atem gehalten durch seine Schwäche, durch seine schwer neurotische Konstitution, in die diese Krankheit nahtlos übergegangen ist, durch seine Launen, durch sein tage- und wochenlanges Schweigen, mit dem er die Familie gestraft hat. Das war seine einzige Waffe, aber Schweigen kann für ein Kind unter Umständen genauso brutal sein wie brüllende Gewalt. Einer meiner Psychiater hat gesagt, es wäre ein Rollentausch gewesen, und meine Mutter hätte im Grunde die Vaterrolle mit übernehmen müssen, was diese arme Frau, wie er sich ausgedrückt hat – er hat sie nur einmal gesprochen – überfordert hat. Er hat sie zuwenig gekannt, würde ich sagen, denn meine Mutter hätte mühelos auch noch zehn andere Rollen mit übernehmen können. Es gab also einerseits diesen Rollentausch, andererseits die väterliche Instanz. Die Mutter ist insofern die väterliche Instanz für mich, weil sie die Vergesellschaftung übernommen, mich eingepaßt hat in das Leben und in die Gesellschaft. Andererseits gab es natürlich auch die biologische mütterliche Macht. Außerdem ist sie auch noch körperlich das exakte Gegenteil von mir, mit sehr großen Brüsten, einfach eine Sexbombe, ein Bild der Weiblichkeit, eine Weiblichkeitsgöttin fast.

M: War Ihre Mutter mehr Vater oder mehr überwältigende Mutter, oder beides?

J: Eher beides. Sie hat nur das eine Kind bekommen, und das sehr spät, weil mein Vater es natürlich vorher nicht wagen konnte, auch noch ein Kind zu machen. Er konnte es erst wagen, als der Krieg verloren war. Also ist es einerseits ein Rollentausch, andererseits ist dieser Vater natürlich schon wie ein dunkler Schatten über dieser Familie geschwebt. Wie etwas, was zwar die väterliche Rolle im konventionellen Sinne nicht übernehmen konnte, aber doch das ganze letztlich durch sein Schweigen bestimmt hatte. Dieses Sichentziehen des Vaters ist für Mädchen offenbar etwas Schreckliches. Ich denke dabei immer an die Bachmann, die in »Malina« die väterliche Vergewaltigung imaginiert, die sicher nicht stattgefunden hat. Aus psychoanalytischer Sicht ist das ein ungeheuer interessanter Roman, weil die Vergewaltigungen und Brutalitäten des Vaters, die sie in ihren Traumkapiteln imaginiert, ein Werben um den Vater sind, wenn man die mit ihrer Biographie, von der man allerdings wenig weiß, vergleicht. Es ist die ewig ungelöste Frage von Freud, ob diese Kindesvergewaltigungen durch den Vater stattgefunden haben oder nicht?

M: Manchmal ja.

J: Manchmal, aber sehr oft hat er sicher recht, daß es ein verzweifeltes sexuelles Werben um den Vater ist, ein Krieg des Begehrens. Bei der Bachmann könnte der Liebesentzug des Vaters, oder das sich dem Liebeswerben der Tochter nicht Stellen, als sexuelle Mißhandlung empfunden worden sein.

M: Ich hatte eine andere Hypothese zu Ihnen beim Lesen Ihrer Bücher. Ich dachte, ob Sie nicht ein Stück der Macht Ihrer Mutter auf den Vater verlegen? Womit Sie einerseits Ihren Vater ja aufwerten...

J: Sicher habe ich das versucht. Das ist interessant.

M: ...und halt auch Ihre Mutter aufwerten – ein Stück weit zumindest – in diesen beiden Texten, in der »Lust« und in den »Ausgesperrten«; aber diese moralisch, denn Opfer sind schuldlos.

J: Auf jeden Fall hat meine Mutter mich phallisch besetzt, bis heute. Das wird an einer Stelle kenntlich, die mir ein Psychiater gedeutet hat und die mir selbst nicht aufgefallen wäre, wo nämlich der Vater abgeschoben wird und wo steht: »Der Stab wird an die Tochter weitergegeben.« Der Stab ist so ein eindeutiges Bild, daß es wirklich nur aus dem Unterbewußtsein gekommen sein kann. Das wird einem klar, das ist wie beim Stafettenlauf, der Phallus wird an die Tochter übergeben, die jetzt der Vater zu sein hat. Dazu paßt ja auch die in der Literatur meines Wissens bisher noch nicht beschriebene lesbische Vergewaltigungsszene der Mutter durch die Tochter in der »Klavierspielerin«. Die geht nur, indem die Tochter das phallische Element besetzt. Das kenne ich in der Literatur nicht, obwohl es realiter, z. B. bei der Unica Zürn vorgekommen ist. Sie ist aber von ihrer Mutter vergewaltigt worden. Es war offenbar ein so schreckliches Erlebnis, daß sie später schizophren geworden ist. Sie mußte es offenbar sehr kompliziert übertragen. Bei mir ist es wohl direkter möglich gewesen.

M: In Ihrem ersten Buch sind ja die Comics und die Elemente fast ausschließlich aus dem anglo-amerikanischen Raum, deutsche fast gar nicht.

J: Eher als Lächerlichkeit.

M: Bei den Kindern heute beobachte ich, daß Asterix und Obelix mindestens so wichtig sind wie die Amihelden, oder auch Tim und Struppi. Also die französischen fehlen, obwohl Sie frankophon sind und frankophil.

J: Ich habe das damals nicht soviel gelesen. Asterix ist mir auch erst später untergekommen, den gab es in den sechziger Jahren für mich noch gar nicht. Aber ich weiß, daß ich damals sehr amerikabestimmt war. Ich hätte auch ein Jahr in Amerika verbringen sollen als Austauschstipendiatin, was ich sehr gern gemacht hätte. Das hat mir auch meine Mutter vermasselt, indem sie der Lehrerin, die erst sie gefragt hat, einfach gesagt hat, daß ich meine Klavierstudien nicht unterbrechen dürfte. Da ich immer eine der Besten war in der Klasse, mußte sie halt irgendeine Ausrede suchen, weil sie mich unmöglich aus ihrer Macht hätte entlassen können.

M: Da sind dann doch Züge, die ich in Ihren bösen Männern wiederfinde.

J: Obwohl ich die männliche Macht im Grunde nur indirekt erfahren habe und erst später, als die eigene Sexualität immer wichtiger geworden ist, als ich plötzlich gemerkt habe, daß diese Erziehung zur Einzigkeit, zur Musik, zur Selbstbestimmtheit einem nichts mehr nützt, wenn man selbst nur ein Körper unter anderen Körpern ist. Ich konnte mich – von meiner Mutter zum Genie erzogen, um es überspitzt zu formulieren – so lange einzigartig und unverwechselbar und grandios imaginieren, bis ich selbst, da ich leider nicht lesbisch bin, mich für einen Mann zum Objekt machen mußte. Das findet man in der Frauenliteratur durchgehend, daß diese narzißtische Kränkung die Frauen in den Wahnsinn treibt. Da gibt es eine breite Geschichte von weiblichen Katastrophen in der Kunst.

M: Ich stutze jetzt ein bißchen, daß Sie sagen: zum Objekt machen, denn was Sie so beschrieben haben, da waren Sie ja vorher auch Objekt in Ihrer Kindheit.

J: Aber ein vergötztes Objekt. Im Grund ein Fetisch. Ich war etwas, was meine Mutter zu einem unbelebten Gegenstand gemacht hat. Sie hat mich gleichzeitig beherrscht und angebetet, übrigens eine Ambivalenz, die sie bis heute durchhält. Einerseits vergötzt sie mich heute, weil ich berühmt bin, und das ist toll und gefällt ihr natürlich, andererseits sagt mir mein Cousin, der ein vierjähriges Enkelkind hat, daß meine Mutter mir weniger freie Entscheidung zugesteht, als sie diesem vierjährigen Buben zugestehen. Ich kann mich dem heute entziehen, weil ich ja über vierzig Jahre Zeit hatte, Strategien zu entwickeln, dem auszuweichen, aber es sind natürlich Sklavenstrategien.

M: Hat Ihre Mutter die »Klavierspielerin« gelesen?

J: Ja. Das wird immer gefragt. Sie sagt einfach, so war es nicht. Sie sagt, das ist nicht wahr, aber da du ja Geld damit verdient hast, in Grenzen zwar, aber immerhin bist du damit erfolgreich gewesen, deswegen will ich nichts dagegen sagen. Sie sagt, ich habe dir alle Möglichkeiten gegeben, und ich habe das nicht als Überforderung empfunden, sondern ich habe dir das und das und das gegeben, und du hast jetzt das Beste daraus gemacht, und nichts anderes wollte ich. Dein Erfolg gibt mir recht. Das sagen ja viele Diktatoren. Daß das ganze letztlich auf eine Lebensvermeidung hinausgelaufen ist, geradezu auf eine Tabuisierung des Lebens, das versteht sie nicht.

M: Also ist das Problem, vom bewunderten, verehrten Objekt zum begehrten, nichtbewunderten Objekt zu werden.

J: Obwohl man die Bewunderung eben auch von den Männern gern hätte, und ich habe sie ja auch oft genug bekommen. Aber Bewunderung ist natürlich für die Sexualität ein Problem. Freud hat es ja oft genug beschrieben. Wenn das Objekt zu sehr zum Fetisch gemacht wird, funktioniert die Sexualität nicht mehr so gut.

M: Er hat es als Gegensatz zwischen Zärtlichkeit und Sexualität beschrieben, aber Sie treffen das genauer. Es ist die verehrende Bewunderung, die mit der Sexualität schlecht kompatibel ist.

J: Ich glaube, die männliche Sexualität funktioniert so nicht. Nach meinen Erfahrungen steht ihr das sogar im Weg. Ich bemühe mich, das nicht negativ zu formulieren, weil ich die männliche Sexualität nicht heruntermachen will, aber Freud sagt ja auch, daß das Mädchen die klitorale Sexualität aufgeben und eine vaginale entwickeln muß, d. h., in gewisser Weise sein Ich aufgeben und bereit sein muß, etwas in sich hineinzulassen, was ja immer die Entität der Person schwächt, damit hat er schon recht gehabt, das hat er richtig beobachtet.

M: Ich glaube, daß Freud das falsch gesehen hat. Er hat richtig beobachtet, aber falsch, nämlich anatomisch, erklärt. Heute wissen wir, daß der Orgasmus immer klitoridal ausgelöst wird. Das Problem ist, von der Onanie zum Koitus zu wechseln. Von einer Sexualität, wo man den Partner im Kopf noch völlig nach seinen eigenen Wünschen sieht und ihn entsprechend handeln macht, plötzlich einem realen Fremden gegenüber sexuell erlebnisfähig zu sein. Das ist der Sprung. Freud hat gehört, was viele impotente Männer und Frauen uns auch heute noch sagen, daß sie beim Onanieren kein Problem hätten, nur mit ihrem Partner nicht zum Orgasmus kommen. Die Schwierigkeit liegt darin, von der Phantasie in die Realität zu wechseln, dabei auch Kompromisse zu machen und v. a. sich einem Fremden in der Lust zu zeigen, das sind die Schwellen.

J: Das ist natürlich jemandem wie mir nicht gerade leichtgemacht worden. Dieses Sichöffnen, diese Selbstaufgabe ist mir buchstäblich nicht in die Wiege gelegt worden. Bei Andrea Dworkin ist es ganz extrem mit diesem ausschließlich von einem Mann der Frau zugewiesenen Objektcharakter. Für Andrea Dworkin hat Sexualität eine viel stärkere Bedeutung als für mich. Ich übertrage ja. Bei mir entsteht z. B. in der »Lust« eine Art Hegelsches Herr-Knecht-Verhältnis, d. h. ich mache eher die Gesellschaft dafür verantwortlich, daß sexuelle Verhältnisse in dieser Art von Ehe immer zu dieser Art Besitzverhältnissen führen müssen. Während für die Dworkin die Kolonialisierung des weiblichen Körpers in der männlichen Sexualität selbst liegt, was wahrscheinlich so nicht stimmt.

M: Was nicht sein müßte, glaube ich.

J: Ja. Es zeigt sich zwar so, aber man muß unterscheiden, ob das ein gesellschaftliches oder ein naturgegebenes Phänomen ist.

M: Ich sehe in Ihrem Werk zwei Stufen. Bei den »Liebhaberinnen« ist die Sexualität eigentlich die männliche Kraft.

»Die Liebhaberinnen« (1975): »mitten in das SCHÖNE land, mit seinen tälern und hügeln und schönen bergen, haben gute menschen eine fabrik gebaut, in der nur frauen sind, die nähen.«

Brigitte ist ungelernte Näherin in dieser Fabrik und »will ihre zukunft gemacht bekommen, sie kann sie nicht selber herstellen«. Dies soll ihr Heinz besorgen, denn der wird Elektroinstallateur und hernach Unternehmer. Ihre Chance ist, Heinz zu überzeugen, daß sie sich lieben und daß sie die

Richtige ist und nicht eine andere, z. B. eine mit Mitgift oder Gymnasium. Ferner muß sie schauen, daß er »nicht ins wirtshaus geht, sie muß schauen, daß sie eine schöne wohnung bekommt, sie muß schauen, daß sie kinder bekommt..., daß sie nicht mehr arbeiten gehen muß, (und) vorher noch, daß das auto abbezahlt ist«. »es ist schade, daß brigitte heinz so sehr haßt.« »es ist ein allgemeines hassen im ort...«
Paula dagegen möchte was LERNEN und von ihrem selbstverdienten Geld was vom Leben haben, aber ihre ganze Familie sagt, sie solle mitschuften und sich nicht mit der leichten, sauberen Schneiderei drücken. Dann verliebt Paula sich in den Holzarbeiter Erich, der schönste Mann im Dorf – nur leider ein Trunkenbold und derart dumm, daß er den Führerschein auch beim dritten Anlauf nicht schafft, wo doch schnelle Motoren sein ein und alles sind.
Geschlechtslust empfinden beide nicht, aber Brigitte möchte unbedingt schwanger werden, und als sie dies nach längerm erreicht, wird die Heirat widerwillig beschlossen. Paula wird sofort schwanger, mit Schande abgewiesen, und gebärt unehelich, bis mit dem Tod ihres Schwiegervaters der Widerstand erlahmt. So heiraten die beiden gleichzeitig, aber ab dann verläuft ihr Schicksal gegensätzlich. Denn »ein elektroinstallateur verdient ganz gut. ein holzarbeiter verdient schlecht. erich trinkt. heinz trinkt nur selten und in maßen. erich vertrinkt fast alles.« Zufällig hat Paula Pech gehabt und Brigitte Glück.
Brigitte und Heinz werden wohlhabend und vertreiben dessen Eltern aus deren Haus ins Einzimmer-Altenteil in der Stadt. Paula und Erich können immerhin ein Auto kaufen, das nur Paula fahren kann, und mit dem sie sich (Geld fürs ersehnte Eigenheim? Bestätigung als Frau? Geschlechtslust?) prostituiert. Schuldig geschieden, arbeitet sie dort, wo Brigitte ihren Anfang nahm, als ungelernte Näherin in der Fabrik.

Die Geschlechterfalle sieht wie folgt aus: Frauen wollen weder vögeln noch Kinder kriegen, sondern sie wollen ihre geisttötende Erwerbstätigkeit loswerden und ein schönes Heim besitzen, mit Kühlschrank und einer Waschmaschine, die alles blitzblank sauber macht. Allein, der einzig funktionierende Weg nach dort ist, einen Mann zu heiraten. Die Männer dagegen wollen vögeln und mit andern Männern saufen. Ein Auto ist viel wichtiger als ein schönes Heim, und ihre Erwerbstätigkeit werden sie so oder so nicht los. Männer wollen nicht heiraten, also müssen die Frauen versuchen, einen Mann dazu zu kriegen, ihnen ein Kind zu machen.

J: So ist es auf dem Land, ja. Das ist eine vollkommen realistische Situation, bis heute.

M: So ist es. Und Sie lassen da die Frauen die Knechtschaft in der Fabrik vertauschen mit der Knechtschaft unter dem Mann, denn der Mann, reingelegt, rächt sich, indem er Frau und Kinder verprügelt.

J: Nur die Knechtschaft der Fabrik zeige ich als eine andere Art Knechtschaft. Arbeit ist eine Möglichkeit der Frau, zum Subjekt zu werden, indem sie ökonomische Unabhängigkeit vom Mann erwirbt.

M: Beide Ihrer Protagonistinnen sind negative Heldinnen. Die eine landet im Käfig der Ehe, die andere bricht auf in die Prostitution, wird verstoßen und landet wieder in der Fabrik.

J: Ja, aber ich zeige auch, was mit ihnen passiert, da sie es nicht schaffen. Wichtig ist mir zu zeigen, was passiert, wenn Frauen sich nicht auf sich selbst und ihre Verwirklichung durch Arbeit, und sei es auch die ödeste Fließbandarbeit, verlassen, sondern ihr Schicksal an einen anderen Menschen hängen. Sie können Glück haben, aber es ist mehr der Zufall, der darüber bestimmt. Eigentlich ist es ein emanzipatorisches Buch, was mir viele Frauen aus provinziellen Verhältnissen bestätigt haben, für die die »Liebhaberinnen« so etwas wie eine Bibel war. Ich bin immer eine leidenschaftliche Verfechterin der Frauenarbeit gewesen.

M: Daran schließen ja lückenlos Ihre beiden ersten Dramen an, die »Nora« und »Clara S.«. Beide Titelheldinnen versuchen, eigenen Erwerb zu finden, die Clara S. noch stärker, nur es gelingt ihnen nicht.

»Was geschah, nachdem Nora ihren Mann verlassen hatte oder Stützen der Gesellschaft« (Uraufführung Graz 1979): Nachdem Nora ihr Puppenheim verlassen hat, findet sie Erwerb in einer Fabrik, deren Arbeiterinnen allerdings keinerlei Verständnis für Noras bürgerliche Emanzipationswünsche zeigen. Nora läßt sich nach wenigen Wochen von einem korrupten Großunternehmer als Geliebte in sein Haus holen, der sie bald dazu bringt, sich ihrem ehemaligen Gatten – und anderen – als Domina zu prostituieren, um diesem investitionsentscheidende Geheimnisse zu entlocken. Bei einem nochmaligen Besuch in der Fabrik zitiert Nora die Forderung Mussolinis, daß eine Frau keine Maschinen bedienen darf, weil sie damit gleichzeitig ihre Weiblichkeit verliert und dem Mann sein Brot wegnimmt. Nachdem Nora ihre Schuldigkeit getan hat, verstößt sie der Großunternehmer, mit Verweis auf ihre alterszunehmende Geschlechtsunattraktivität, und finanziert ihr ein Textilgeschäft, und Nora zieht wieder mit ihrem, in Unehren entlassenen, Ehemann zusammen. Immerhin ist es jetzt sie, bzw. ihr Geschäft, welche für den Familienunterhalt entscheidend sind.

»Clara S. Musikalische Tragödie« (Uraufführung Bonn 1982): In diesem turbulenten Geschlechterkampf unter Künstlern weilt Clara Schumann mit pubertierendem Töchterlein und wahnsinnigem Mann plus Irrenwärter beim steinreichen Gabriele d'Annunzio, um die Finanzierung ihrer mittellosen Familie zu erbetteln. Dieser, der »Comandante«, Großdichter Italiens jener Zeit, Fliegerkriegsheld, Duzfreund Mussolinis und ebenso eitler wie süchtiger Schürzenjäger, hält sich in seinem Haus einen ganzen Harem von Künstlerinnen und diese in finanzieller Abhängigkeit. Der Comandante findet zwar Claras minderjährige Tochter sexuell aufregender und bei dieser auch Bereitschaft, dennoch verlangt er Claras Hingabe als Vorleistung, diese will jedoch um ihrer Kunst und um des Genies ihres Gatten willen geför-

dert werden. Es wird immer deutlicher, daß bereits Robert seine Clara unterdrückte, sie sich ihm aber auch unterwarf.

J: Das System steht gegen sie.

M: Ja. Sie versuchen es auch über die Männer und scheitern beide.

J: Indem sie Komplizinnen werden. Nora ist eigentlich eine sehr negative Frauenfigur, in dem Sinn ist es kein feministisches Stück, daß es diese Frau nicht erhöht, sondern sie – weil sie Komplizin ihres Mannes wird – scheitern läßt. Während sie in den »Liebhaberinnen« keine Komplizinnen sind, sie glauben einfach, keine andere Möglichkeit zu haben. Die Nora biedert sich ja richtig an. Dabei kommt sie aus einer Klasse, aus dem Bürgertum, die ihr, und insofern zeige ich sie als eine Schuldige, diese Einsicht hätte vermitteln müssen. Während diese Provinzmädchen aus dem Subproletariat diese Einsicht leider in den eigenen Körper einschreiben, mühevoll einen eigenen Körper erwerben müssen. Nora hätte die Wahl gehabt.

M: Mir fällt dazu ein Gedicht von Tucholsky ein: »Darum wird beim Happy-End, jewöhnlich abjeblendt.« Darin schildert er, wie es danach schrecklich weitergeht: Windeln, Kindergeschrei, Geldnot, Alkohol und Streit. Ich finde, Sie haben beschrieben, wie es bei Nora weiterginge, wenn Ibsen beim Happy-End nicht abgeblendet hätte.

J: Wobei es ja damals für die Frauen noch nicht so viele Möglichkeiten gegeben hat, sich über Arbeit zu verwirklichen. Es war die Frühzeit der Industrialisierung, die auf dem Rücken der Frauen stattfand. Es war zum Teil so, daß die Männer arbeitslos waren und die Frauen gearbeitet haben, für weniger Lohn halt, es ist ja ein historisches Stück, das man, glaube ich, nicht einfach in die Gegenwart übertragen kann. Sehr wichtig war mir zum Schluß der Ausblick auf die Weimarer Zeit und die Nazis.

M: Das ist also die Anthropologie des Geschlechterkampfs bis zu den »Liebhaberinnen«, und dann kommt mit der »Klavierspielerin« und mit der »Lust« was Neues, nämlich die eigene Geschlechtsbedürftigkeit der Frau. Damit wird das Ganze noch tragischer. Weil jetzt die Komplizenschaft der Frau zusätzlich von einer starken biologischen Kraft getrieben wird. Dazu gibt es folgende Besonderheit, in der »Lust« weniger, aber auch: Die Protagonistinnen haben eine stark masochistisch gefärbte Sexualität.

J: Ja. Bei der »Klavierspielerin« würde es ja funktionieren, wenn sie ihren Masochismus lebt, aber sie ist jemand, der dem anderen vorschreiben will, wie er sie zu quälen hat. Das ist die eigentliche Überschreitung. Sie hat in dieser durch die Mutter erzwungenen Selbstaufgabe in der Sexualität gleichzeitig die Anmaßung des Herrschens. Sie sagt ganz genau, was er mit ihr machen soll. Und damit ist so ein junger Mann natürlich vollkommen überfordert.

M: Das ist kennzeichnend für den Masochismus der Männer, die kommen ja mit einem Drehbuch. Die Domina muß diesem entsprechend Gummistiefel oder hohe Stöckelschuhe anziehen etc.

J: Ich habe übrigens auch einen Originalbrief eines Masochisten verwendet. Meistens sind es Männer, die im Leben Macht haben. Gerade die Masochisten, die das mit Prostituierten ausagieren, bezahlen ja dafür. Denen fällt es leicht, in ihrer Herrscherposition ihr Ich aufzugeben, sich erniedrigen zu lassen für eine genau beschränkte Zeit. Aber in der von mir beschriebenen Konstellation funktioniert es eben nicht, daß die Frau ihren Grandiositätsrest, den sie von der Mutter bekommen hat, also im Grunde eine Metapher für mich, aufgeben kann. Andererseits hat sie diesen Masochismus und möchte gequält werden, aber so, wie sie es bestimmt. Dasselbe ist es mit dem Voyeurismus, der im Grunde auch eine männliche Anmaßung ist, denn der Mann schaut, und die Frau macht Striptease. Das Recht auf Einblick – da die Genitalien der Frau ja in den

Körper hineingehen –, das Aufschneiden, also auf den allerletzten Einblick, hat nur der Mann, und bei mir maßt sich die Frau das an. Ich weiß nicht, ob es in der forensischen Psychiatrie Fälle von weiblichen Voyeuren gibt. Ich kenne nur ein Foto von dem amerikanischen Fotografen Wegee, das mich inspiriert hat. Er hat eine Voyeurin, ein Mädchen, das auf Coney Island ein Liebespaar beobachtet, fotografiert. Aber wie immer gibt es ja auch gesellschaftlich sanktionierte Rollen dafür, und das ist die neugierige Frau, die den ganzen Tag am Fenster hängt und schaut, was ihre Nachbarn machen, und dann tratscht. Diese Rolle ist für sie vorgesehen, aber die Überschreitung, Sexualität von anderen zu beobachten, ist nicht vorgesehen. Ich kann mir nicht vorstellen, daß in der Psychiatrie solche Fälle, die ja eine Herrschaftsanmaßung sind, oft vorkommen.

M: Als Psychoanalytiker sehe ich Perversionen nicht rollentheoretisch, sondern als »Erfindungen« von Männern, um trotz ihrer Panik vor Frauen – und vor allem vor deren Geschlechtshöhle – in größtmöglicher, d. h. gerade noch angstfrei möglicher, Nähe einer Frau zum Orgasmus zu kommen. Drum ist fast allen Perversionen, Exhibitionismus, Voyeurismus, Fetischismus, Domina-Masochismus, gemeinsam, daß die Gliedeinführung vermieden wird. Bei der Pädophilie wird diese Gefahr durch die Kleinheit und Abhängigkeit des kindlichen Lustobjekts gebannt, beim Sadismus, bei dem ja Gliedeinführung öfter möglich ist, wird die Partnerin durch Fesselung, Schläge und andere Erniedrigung und Demütigung schwach, also ungefährlich gemacht.

Doch zurück zu der »Klavierspielerin«. Was diese scheitern läßt, nämlich, daß sie Form und Ausmaß der Erniedrigung und des Schmerzes selber vorschreibt, gehört wesensgemäß zum Masochismus. Das kann ich nicht als Anmaßung sehen. Und das ist ja gerade der Trick bei diesen Inszenierungen, einer der Tricks, daß sie nicht wie früher vom Erziehungsberechtigten unverhältnismäßig bestraft werden können, sondern ihr Strafmaß selber bestimmen, und ein zweiter, daß sie die Strafe in ihre Lust einbauen. Dazu kommt der Dreh, den Sie beschrieben haben. Die sind ja nur scheinbar Erniedrigte, in Wirklichkeit haben sie sämtliche entscheidenden Rollen: Sie sind Hauptdarsteller, Regisseur, Drehbuchautor und Produzent, denn sie zahlen das ja auch.

J: Genau das ist der Punkt, und die »Klavierspielerin« hat eben nur versagt, weil sie schon das Geschöpf eines anderen Menschen ist, nämlich ihrer Mutter. Und nur in dieser Konstellation kann sie funktionieren, anders nicht, noch dazu mit einem jungen Mann, der ja richtige Gefühle für sie hat, dessen Sadismus sich allerdings dann Bahn bricht. Ein anderer Mann wäre einfach weggegangen, weil er sich geekelt hätte.

M: Und es ist zudem ein Lehrerinnen- und Schüler-Verhältnis. Ich habe den Eindruck, der Geschlechterkampf wird durch die Einführung der eigenen Lust der Frau oder der weiblichen Sexualgier noch hoffnungsloser und unlösbarer, und das geschieht in »Die Klavierspielerin« und in »Lust«. Es gibt keinen heilen Ausgang.

J: Für mich gibt es den auch nicht.

M: Das erleben Sie auch so?

J: Ich kann nur beschreiben, wie ich es empfinde, insofern ist es obsessiv, was ich schreibe, weil es sehr sehr emotional gesteuert ist. Es sind keine kühlen Konstrukte, sondern der Impetus kommt aus einer persönlichen Triebkraft, sozusagen wieder aus einem gigantischen Fetischisierungsprozeß. Meine ganze Arbeit ist nichts anderes als der Wunsch, diese Dinge zu bannen.

M: Aber auch, sie in ihrer grandiosen Größe darzustellen. Es ist beides. Es wird riesig.

J: Ja, es wird unüberwindbar. Wenn man selbst etwas nicht überwinden kann, dann muß man es so groß machen, daß auch kein anderer es überwinden kann. Und vielleicht ist das, was man an Rationalisierungen betreibt, Feminismus und Ausbeutung und sexueller Mißbrauch von Mädchen durch Männer, vielleicht ist das ein gigantisches Wahngebäude, um sich selber...

M: ... für das Scheitern freizusprechen.

J: Ja. So gut hätte ich es nicht sagen können.

M: Mir fiel eine Passage ein, die mich immer sehr beeindruckt hat, im »Traumspiel« von Strindberg: »Es ist schade um die Menschen.« Der Koestler hat das viel prosaischer ausgedrückt, er hat, kurz vor seinem Doppelselbstmord, gesagt: »Der Mensch ist eine paranoide Fehlkonstruktion des lieben Gottes.« Das ist eine Weltsicht des unrettbar Tragischen, die ich bei Ihnen auch finde.

J: Nur habe ich nicht dieses Bedauern. Da ich schon nicht gelernt habe zu leben, entwickle ich offenbar sogar eine sadistische Freude darüber, daß die Menschen wirklich zu allem fähig sind. Ich bin eine echte Misanthropin, aber ich quäle ja niemand real, denn ich dürfte beim Schreiben ja nicht lachen, wenn ich mich wirklich schuldhaft verhalten würde. Also bin ich eine Schreibtischtäterin, ohne dazu aufzurufen, Menschen zu verachten. Nur: lieben kann ich sie nicht. Ich sehe einen ungeheuren Entwurf, den die Menschen vielleicht schuldhaft immer wieder denunziert haben. Für mich ist das monströs, und die Geschichte gibt einem ja leider ständig recht. In der DDR haben sie Versuche gemacht mit Kindergartenkindern und festgestellt, daß sie dazu tendieren, einander zu helfen, freundlich zueinander zu sein. Ich habe diese Erfahrung niemals gemacht.

M: Es gibt beides. Es gibt in der Tat Verhaltenspotentiale, bereits bei kleinen Kindern, wie das geschilderte helfende, aber wenn ein Kind z. B. seinen Ball weglegt, weil er ihm langweilig geworden ist, braucht nur ein anderes Kind diesen Ball zu nehmen, und schon gibt es Streit.

J: Und ich sehe nur diese Dinge. Ich sehe sie nur als monströse Spiegelbilder ihrer Eltern, die sie zu dem machen, was sie selbst auch sind, und deswegen mußte ja auch folgerichtig in »Lust« zum Schluß das Kind ermordet werden, was auch kaum einer gesehen hat, der dieses Buch gelesen hat. Das Kind ist das absolute Spiegelbild des Vaters.

M: Schlimmer. Der wird seinen Vater noch übertrumpfen, das ist schon klar zu sehen.

J: Und das sieht natürlich die Mutter. Es gibt einen Essay von der Duras über den Fall eines Kindsmordes in den Vogesen, in irgend so einem gottverlassenen Nest, »Der Fall Villemin«, wo auch wahrscheinlich die Mutter ihr Kind umgebracht hat aus dieser Situation des täglichen Benutztwerdens, des öden sexuellen, immergleichen Benutztwerdens durch einen Mann, der sich das Herrenrecht anmaßt. Also Sexualität nicht als Antiformel, sondern als Parodie der Pornographie, nicht als eine Quelle der unerschöpflichen und phantasievoll variierten Lust, sondern als die Wiederkehr des Immergleichen. Unauslöschlicher Sexualpessimismus nennt ein Freund von mir das.

M: Ich habe mich gefragt, ob Sie »Lust« nicht auch als Anti-»Geschichte der O« geschrieben haben...

»Lust« (1989): Als größter Arbeitgeber des kleinen Alpenfremdenverkehrsorts ist der Herr Fabrikdirektor ohnehin Herrscher in seinem Reich. Er hat seine Sekretärin Gerti geheiratet, und die muß ihm jetzt allzeit und jederzeit und mehrmals täglich zu jeglicher Form von Lust bereit sein, wie seinerzeit zum Diktat, denn undank Aids kann er nicht mehr frei wildern.

Der kleine Sohn wird oft Zeuge der väterlichen Lusteroberungen, hat seine eigene kleine, hausgemachte Pornosammlung, herrscht über seine ärmeren Spielgefährten und birst vor Konsumwünschen, die mehrheitlich erfüllt werden.

Gerti trinkt (billigen Veltliner), und bei einem dranghaft-ziellosen Weglaufen in Morgenrock und Pantoffeln wird sie von Michael, einem gutaussehenden Jurastudenten, aufgelesen und verführt. In ihr »wird ein Quellgebiet erschlossen, von dem sie jahrelang heimlich träumte... Ein Flächenbrand«. Sie verliebt sich, aber als sie Michael am nächsten Tag findet, wird sie vor seiner ganzen Clique entblößt und von vielen betastet und befingert. Die Frau Direktor bleibt unerfüllt und fährt in ein Beisl, wo sie sich unter den Tisch trinkt.

Wiederbelebt und zu Hause angekommen, soll sie ihrem Herrn sofort zur Lust sein, was der aufgekratzte Sohn verzögert, bis der Herrscher ihn mit Pillen in Schlaf zwingt. Gerti, zu Michael geflüchtet, der sie nicht will, wird von ihrem Herrn eingeholt und vor Ort zur Lust gebraucht.

Nach Hause verbracht, erstickt sie ihren Sohn und übergibt ihn dem Wasser des Bachs – der Natur.

»Lust« ist diese eine Geschichte, aber es ist auch ein Traktat über die Tragik der Lust: »Ja, die Lust, richtig bauen möchte man sich aus ihr können! Aber auf sie bauen, das würde ich, wenn ich Sie wäre, lieber nicht.« »Das Gewitter, das von unserm Gott, dem Geschlecht, ausgeht, läßt uns auf dem kürzesten Weg ins Verderben rennen.«

J: Ja, genau das.

M: ... weil die Verkehrung ins Gegenteil verblüffend ist. »Die Geschichte der O« spielt im luftleeren Raum, da gibt es ein Schloß mit Lakaien und Zofen, die genital allzeit zugänglich sind, niemand weiß, wo die essen, wer sie bezahlt, was sie motiviert, das ist einfach alles vorhanden, über dem Ganzen thront Sir Steven, und das hat so einen kultisch-zelebrierenden Schein. Die Herr-Knecht-Paradoxie ist sehr deutlich drin: Die »O« kann ja die Größe ihres Herrn mitbestimmen, nämlich je niedriger sie sich macht, um so größer wird der Herr, da sie aber an der Größe ihres Herrn Anteil hat, sie ist ja Teil seiner Größe, kann sie also durch Erniedrigung ihre eigene Größe wieder steigern. Das ist eine Paradoxie, die...

J: ... bis zum Tod geht, denn am Schluß bittet sie um die Erlaubnis, ihr Leben selbst anbieten zu dürfen, was die äußerste Erniedrigung und gleichzeitig der äußerste Triumph ist, und er gibt die Erlaubnis.
Weiter läßt es sich auch nicht vorantreiben. Aber die »Geschichte der O« ist in der Tat bestimmend für mich gewesen. Ich betrachte sie als die einzig literarisch geglückte Pornographie von einer Frau.

M: In Ihrer »Lust« dagegen spielt nichts im Imaginären, sondern da gibt es ja einen ganz konkreten, historischen, sozialen und landschaftlichen Ort mit Kirche und Fabrik.

J: Ja, und es muß natürlich ein Herr sein, der seine ehemalige Sekretärin heiratet, um das Herr-Knecht-Verhältnis darzustellen. Ich werde immer wieder gefragt, wieso sie nicht einfach weggeht, weil die Leute Literatur und Versuchsanordnungen einfach nicht verstehen. Wenn der Mann – was ja sehr häufig vorkommt – seine ehemalige Sekretärin geheiratet hat, dann bedeutet diese ökonomische Verklammerung eben, daß sie nicht einfach weggehen kann. Ich zeige dann ja das Umgekehrte, daß sie nämlich versucht, genau wie die »Klavierspielerin«, sich zur Herrin ihres Gequältwerdens zu machen, und daß das für sie eine noch größere Demütigung wird.

M: Das Geschlecht als Tyrann. Bei der »Klavierspielerin« ist es die Mutter, in der »Lust« ist es der Vater.

J: Es ist im Grunde eine Parodie. Dieser Wechsel von der klitoridalen zur genitalen Sexualität. Es ist kein Weg zur größeren Emanzipation, der Genußfähigkeit oder der Öffnung zum anderen hin, sondern diese Öffnung zum anderen hin ist eh schon verschlossen und kann nur in einer Katastrophe enden.

M: Sie sagen in einem Interview, daß Ihre Mutter es in *einem* Bereich nicht geschafft hat, Sie nach ihrem Bilde zu formen, und das sei die Sexualität.

J: Ja, natürlich. Das, was verboten ist, das macht man,

und so habe ich schon sehr früh, schon als Schülerin, versucht, pornographische Literatur zu bekommen, wo ich sie bekommen konnte.

M: War das möglich, damals?

J: Ja. Mein Vater hat literarische Pornographie auch gerne gelesen und sie aus den Bibliotheken mitgebracht, und es war mir zwar verboten, aber wenn ich allein zu Hause war, habe ich mir das natürlich sofort geholt, weil ich unheimlich gierig darauf war. Meine Mutter weiß das bis heute nicht, aber sie wird ja auch dieses Buch nicht bekommen, insofern kann ich das sagen... Ich habe mit allem sehr früh begonnen, unter fürchterlichen Schwangerschaftsängsten zwar, denn es war ja noch vor der Pille. Und dann habe ich schnell gemerkt, daß ich meine Weibchenhaftigkeit zeigen und hübsch aussehen mußte und alles andere, was ich gelernt hatte, für die Herren völlig uninteressant war. Das Wissen wertet die Frau als sexuelles Wesen ab. Das ist eine furchtbare Schmerzlichkeit, die damit über Frauen verhängt ist, und das habe ich sehr früh begriffen. Ich habe mich immer gern gut angezogen, auch mit wenig Geld. Ich habe dann heimlich mit nassen Buntstiften Lidstriche gezogen, das mache ich seit meinem 13. Lebensjahr. Dieser Wunsch, mich zu schminken, oder diese Kleider, das ist für mich ganz eindeutig ein verzweifelter Versuch, von meinen intellektuellen oder künstlerischen Leistungen abzulenken und Gnade zu finden. Das habe ich in einem Interview der Alice Schwarzer gesagt, worauf meine ganzen feministischen Freundinnen den Kontakt mit mir abgebrochen haben.

M: Das war die Sünde wider den heiligen Geist.

J: Das haben sie mir nie verziehen. Beste Freundinnen und Frauen, mit denen ich über zehn Jahre innigste Freundschaften, gut, inzwischen sind wir wieder versöhnt, aber ein, zwei Jahre haben wir nicht miteinander gesprochen.

M: In einem Interview in der »Elle« haben Sie Ihre Liebe zur schönen Mode allerdings ganz deutlich als eine sexneutrale Ästhetik beschrieben, die gerade nicht auf Männer wirken soll.

J: Das ist es ja auch. Der »Elle« würde ich natürlich nicht solche Dinge anvertrauen wie Alice Schwarzer. Heute würde ich überhaupt nicht mehr mit so einer Modezeitschrift reden, aber damals ging es um japanische Mode, die sich ja dadurch auszeichnet, daß die Frau eben nicht als Objekt aufgeputzt wird, sondern im Gegenteil, die Frau sich gemäß der japanischen Tradition verhüllt. Es sind gleichzeitig Verhüllungen und Arbeitsgewänder, und da habe ich plötzlich gemerkt, daß es Dinge gibt, die schön sind, ohne die Frau zum Objekt zu machen. Das wollte ich damals vermitteln.

M: Aber so hat es nicht angefangen?

J: Nein. Es hat sicher damit angefangen, daß ich den Männern gefallen wollte, und mein Denken und mein Witz waren eher hinderlich dabei. Sie mochten mich zwar, wenn ich witzig war im Dialog und sie zum Lachen gebracht habe, aber das turnt einen Mann sexuell nicht an. Meine stärksten Waffen waren nicht gefragt. Gott sei Dank habe ich halbwegs gut ausgesehen, also nicht wie z. B. Violette Leduc, die ja ein monströses Gebäude der Verzweiflung auf ihrer vermeintlichen Häßlichkeit aufgebaut hat. Ebenso wie die Amerikanerin Maryse Holder in »Ich atme mit dem Herzen«, die nach Mexiko fährt, dort für wenig Geld sich Liebhaber mietet und am Schluß natürlich bestraft wird, indem sie ermordet wird. Also die Demütigungen der häßlichen oder alternden Frau, die sind mir erspart geblieben, aber ich kann mich vollkommen hineinversetzen. Ich weiß, was ich tun müßte, um... also heute ist das nicht mehr nötig, heute kann ich damit besser umgehen. Aber damals, das war die Zeit der Petticoats, da gab es eine Art Chic, der den Objektcharakter der Frau eben stärker betonte. Heute kann man als Frau auch gegenüber jüngeren Männern überlegen sein, das wird akzeptiert. Aber gerade in der Zeit, wo man lernt, mit der Sexualität umzugehen, also in meinen frühen

Zwanzigern, da war das furchtbar schwierig. Und auch heute...

M: Wieder. Ich glaube, Sexualität wird wieder normierter und enger.

J: Ja, schon wegen Aids. Die »Lust« muß man ja auch als Aids-Roman sehen: Der Mann wagt es nicht mehr, zu Prostituierten zu gehen, und macht dafür um so rücksichtsloser Gebrauch von der eigenen Frau, derer er sicher ist und von der er annehmen kann, daß sie ihn nicht anstecken wird. In der Großstadt würde so ein Roman nicht funktionieren, aber in der Provinz schon. Deswegen spielen bei mir die Sachen so oft in der Provinz, weil man dort die Versuchsanordnungen reiner, wie in einer Petrischale, halten kann.

M: Als Gewebekultur.

J: Genau.

M: Ich habe Schwierigkeiten, Ihre Schilderung von Ihrem sexuellen Erwachen als frei, problemlos und lustvoll mit Ihrer masochistischen Komponente der Sexualität zu verbinden, denn Masochismus bedeutet meist eine schuldhafte Konzeption der Sexualität, die dann Strafe verdient, so daß man am besten fährt, indem man die Strafe einbaut in die Sexualität, dann erhält man die Lust, und da die Strafe in diese eingebunden ist, braucht man nachher keine Angst vor zusätzlicher Strafe zu haben und keine Reue zu fühlen.

J: Aber für mich hat schon der Verstoß gegen dieses mütterliche Verbot der Sexualität, wenn schon meinen Masochismus nicht hervorgebracht so doch nähren können. Ich will jetzt nicht über meine sexuelle Praxis reden, aber allein dieses Verbot ist schon eine sehr starke Masochismus auslösende und Masochismus befriedigende Komponente.

M: Das Schuldhafte an der Sexualität ist, daß sie gegen das Verbot der Mutter gelebt wird?

J: So ist es.

M: Das macht jetzt wieder Sinn.

J: Es ist furchtbar anstrengend, über sich zu sprechen. Wenn ich die Wahl habe, zwei Stunden zu schreiben oder mich zwei Stunden über meine Arbeit zu unterhalten, würde ich sofort sagen, daß Schreiben eine Erholung dagegen ist. Besonders, wenn man so ein Einzelgänger ist wie ich. Ich suche nicht die Nähe von Menschen. Ich habe sehr wenig Freunde und bin meist allein. Dieses Nicht-leben-gelernt-Haben, das würde mich interessieren, weil alles, was man gelernt hat, Lebensvermeidungsstrategien sind, denn das Schreiben ist eine extrem einsame Arbeit.

M: Oder umgekehrt: Sie haben nicht gelernt zu leben, weil Ihre Mutter gesagt hat, Klavierspielen ist Leben. Man hätte sich aber denken können, daß ein Nachholbedarf entsteht, daß Sie irgendwann gesagt hätten, jetzt mache ich das Gegenteil.

J: In der Sexualität schon, aber da hat man es ja auch nur mit einem Menschen zu tun, und auch das habe ich nur beschränkt ausgehalten. Ich könnte unmöglich einen Menschen ständig um mich herum aushalten. Ich bin von meiner Mutter systematisch dressiert worden zur Einzelgängerin, weil sie mich von Freundinnen und Freunden abgeschottet hat. Von den einen konnte ich nur Schlechtes lernen, die anderen kamen aus einem unmöglichen Milieu, die konnten mich nur verderben, die nächsten erzählten schweinische Witze etc. Und das wird man nicht mehr los.

M: Sogar das Baden im Fluß.

J: Ja, alles, was irgendwie Spaß machte...

M: Körperlichen Spaß.

J: ...auch wenn es völlig harmlos war. Außer dem Ballett-Training. Das war wieder erlaubt, das wurde bezahlt. Ich habe seit meinem dritten Lebensjahr klassisches Ballett trainiert, bis ich 16 war. Und beim Ballett ist man nie entspannt. Selbst Bewegungen, die vollkommen locker aussehen, sind bis in die letzten Fingerspitzen diszipliniert. Sie hat mich nicht in den Turn- oder Schwimmverein geschickt, sondern zum Ballett.

Das war sicher kein Zufall. Ich bin ziemlich groß, große Frauen sind leicht linkisch in ihren Bewegungen, und sie sagt, ich sollte graziös werden. Sicher, ich habe vom Ballett ein Bewegungsbewußtsein, ein Körperbewußtsein bekommen, aber es ist nicht einfach Freude an der Bewegung. Wenn ich die Kammer- und Orchestermusik nicht gehabt hätte, ich habe auch Geige und Bratsche gespielt, wäre ich völlig vereinsamt. Aber durch die Streichinstrumente habe ich Kontakte mit anderen gehabt, und das hat mich gerettet.

M: Aber Kunst ist wiederum ein Stück weit nur stilisiertes Leben.

J: Die Musik hat mich schon emotional gerettet, aber nicht das Alleinspielen, obwohl ich eigentlich Organistin bin. Gerettet hat mich die Kammermusik oder das Begleiten von Sängern, wo man nicht im Mittelpunkt steht und nicht den Leistungsdruck spürt. Das war das Äußerste, was ich an gruppenstiftendem Element erlebt habe. Das Musikstudium hat ja sehr starke technische Seiten. Die Logik einer Bachfuge, die so emotional aufgeladen klingt, ist eine reine Systematik. Man lernt in der Agogik, Tempo auf der einen Seite zu geben oder an anderen Stellen zurückzunehmen. Es ist ein rein technischer Vorgang, bei dem man Zeit und Maßeinheiten durch Übung ins Gefühl kriegen muß, den man also nicht einfach mit dem Gefühl bestimmen kann. Vielleicht bin ich deshalb Organistin geworden. Beim Klavier ist es anders, weil da jeder Ton sofort nachläßt, sobald er angeschlagen ist, und man muß seine Anschlagskultur entwickeln. Bei der Orgel drückt man einen Knopf und hat die Klangfarbe und kann den Ton selbst mit den Händen nicht mehr verändern.

M: Nur die Dauer...

J: Genau. Und dieses Unemotionale beim Orgelspiel, bei dem die größten Gefühlsbewegungen ein mathematisches Maß haben, liegt mir offenbar besser.

M: Ich habe eine typisch Jelineksche Stilvarante gefunden, die ich die Jelinek-Wortwiederholungs-Paradoxie getauft habe. Es heißt z. B. in der Nora: »PERSONALCHEF: ... ein Beruf (ist) keine Flucht, sondern eine Lebensaufgabe. NORA: Ich will aber mein Leben noch nicht aufgeben!« Oder, in »Lust«: »Lebensmittel werden ringsumher nach Hause geschleppt, denn den Familien ist das Essen Lebensmittelpunkt.« Es lassen sich verschiedene Bildungsmechanismen unterscheiden. Wortwiederholung trifft Ihr Vorgehen nicht genau, denn meist wird eine subtile Wortabwandlung wiederholt.

J: Es ist so eine Art der Kalauer-Rückführung oder Kalauerisierung, es nimmt die Sprache beim Wort.

M: Es ist eben kein Kalauer, weil der neue Kontext den Sinn vollkommen umdreht. Zum Beispiel: »Die Skala der Lust ist nach oben hin offen, dafür werden wir keinen Richter brauchen.« Das ist noch besonders raffiniert, weil es ja einen doppelten tertium comparationis einführt. Den Richter, der Lust oder Unzucht bestrafen kann, und die Richter-Skala, die Erschütterung durch Erdbeben mißt. Oder auch: »Die Menschen müssen sich rentieren, bis sie ihre Rente erreicht haben.« Fällt Ihnen das zu, oder ist es das Resultat eines Suchprozesses?

J: Das möchte ich selber gerne wissen. Irgendwie sind meine Ganglien offenbar so lose verdrahtet, daß ich einen ständigen Assoziationszwang habe. Wenn ich ein Wort höre, auch im Alltag, muß ich zwanghaft sofort Alliterationen, Paraphrasen, Metathesen herstellen, Silben vertauschen. Das ist übrigens eine sehr alte Technik, die schon die griechischen Grammatiker angewendet haben. Es ist also ein sehr alter Wunsch, die Sprache selbst zu zwingen, die Wahrheit zu sagen und ihren Ideologiecharakter preiszugeben. So wie Heidi Pataki, eine Kollegin, in Anagrammen über Waldheim-Aussprüche immer zwei Buchstaben übrigbehalten hat, immer SA und SS. Die Sprache selbst spricht ja, und ich lasse sozusagen ihren tendenziösen Inhalt immer wieder aufbrechen. Aber dieser Assoziationszwang, hat man mir gesagt, den haben auch Schizophrene. Irgendwie soll man es auch biologisch verfolgen können, daß meine Synapsen loser verkabelt sind als bei anderen oder so.

M: Einem Neurophysiologen würden wahrscheinlich die Haare zu Berge stehen, aber ich weiß, was Sie meinen. Eine Lockerheit der Verbindung.

J: Man richtet sich in der Sprache nicht wohlig ein, und man ist nicht imstande, irgendwelche verlogenen Verlautbarungen von Politikern oder Künstlern anzunehmen. Man muß die Sprache, auch wenn sie es nicht will, zwingen, diese Verlogenheiten preiszugeben.

M: Das ist also was dekonstruktiv Denunzierendes.

J: Ja, wobei ich natürlich schon noch einen Drall in meine Richtung gebe. Ich mache das nicht wertfrei. Wie soll man das nennen? Ich zwinge sofort den Ideologiecharakter der Worte hervor. Ich lasse die Sprache sich nicht ausruhen. Ich reiße sie immer wieder aus ihrem Bett heraus. Aber woher das kommt, weiß ich nicht. Es ist ein Muß, das, was einem heil erscheint, zwanghaft aufzureißen. Da könnte eine Psychoanalyse des Schaffensvorgangs bei mir sicher auf Erklärungen kommen, z. B., daß kein Urvertrauen da ist, wenn man weiß, daß immer alles brüchig ist. Daß man auch wider Willen immer die Wahrheit sagen muß, und wenn die sich nicht freiwillig offenbart, dann muß man die Dinge verbrämen oder verändern, man muß die Sprache foltern, damit sie die Wahrheit sagt. Das hat bei mir sicher mit einer sehr frühkindlichen Brüchigkeit zu tun. Wenn man in der Katastrophe zwischen den Eltern und allen andern aufwächst und nirgends Sicherheit hat, einem auch die einzige starke Autorität, nämlich die Mutter, keine Sicherheit gibt, sondern zur Bedrohung wird, wenn das Kind das Bewußtsein hat, nicht geboren zu sein, so muß es wenigstens ständig die Wörter zu gebären zwingen, um das – ich fabuliere das jetzt –, was in ihnen ist, herauszupressen. Das wäre ein

Gebärzwang, den ich in meinem Leben nicht gehabt habe. Deswegen sind meine Texte wie gepreßte Heuballen, in die man nicht hinein kann. Ich kann sprachlich keinen Leerlauf mehr ertragen. Mit der »Lust« hat das begonnen. »Lust« ist das Buch, das ich immer schreiben wollte, das ich sprachlich erreichen wollte. Seither kann ich nicht mehr anders, und das ist dem Leser dann zuviel. Selbst Kritikerinnen wie Ilma Rakusa sagen mir, daß ich das so nicht machen könne, daß man das nicht aushält, sich nirgends ausruhen zu können. Es gibt aber etwas, was mich innerlich dazu treibt: Es muß diese Dichte haben, auf die Spitze getrieben sein. Das ist natürlich Wahnsinn, weil selbst in einer Bachfuge Zwischenspiele sind, bei denen sich der Organist ausruhen kann auf einem Manual, freier spielen, bevor das Thema, der Kontrapunkt, eine Stimme nach der anderen wieder einsetzt. Aber es geht eben nicht, es ist mir nicht möglich. Das wäre eine Lösung, sozusagen nach dem Orgasmus eine Entspannung, aber es ist eher ein Dauerorgasmus.

M: Keine Diastole, keine Nachfüllpause? Das klingt sehr gehetzt und getrieben.

J: Ja. Ich bin eine Triebtäterin beim Schreiben.

Jutta Heinrich im Gespräch mit Adolf-Ernst Meyer

»Wenn ich ein Kennwort für Jutta Heinrich erfinden sollte, würde ich sie einen ›weiblichen Dylan Thomas‹ nennen.«
Hans Sahl

Meyer: Sie haben in einem Interview gesagt: »Ich habe manchmal den Wunsch, eine Kunst zu machen, hinter der ich nicht auffindbar bin. Mein allergrößter Wunsch ist, keine Auskunft über mich zu geben.« Jetzt haben Sie sich indes bereit erklärt, sich von einem Psychiater/Psychoanalytiker interviewen zu lassen. Was sind Ihre Erwartungen?

Heinrich: Gar keine. Wenn ich in eine mir unerträgliche Situation gerate, verschwinde ich. Ein anderer Aspekt ist, daß ich einerseits sehr viel Privates, Undurchdringliches und Zum-Verschweigen-Anlaß-Bietendes in mir habe, andererseits durch meinen leidenschaftlichen und sehnsüchtigen Weg zum Schreiben ein sehr strenges Bild von Kunst, insbesondere von Literatur habe. Dieses Bild von Literatur treibt mich voran und malträtiert mich gleichzeitig. Ich finde, daß zur großen Kunst, die man u. a. als Weltliteratur bezeichnet und die natürlich auch immer mit Macht zu tun hat, dieses rätselhafte Zurückstehen gehört. Wenn ich an Botho Strauß denke oder an Peter Handke, die haben, wie soll ich sagen, Autorenmanieren, eine Schöpferhybris, die mir auch imponiert.

M: Diese Verschlossenheit des eigenen Lebens vor dem Werk?

H: Ja. Dadurch speist sich ein wogendes Interesse daran, was sich unter Verschluß hält. Wenn ich mir einen erleichternden Aderlaß verschaffe, dann denke ich, es wird nicht viel dahinter sein. Daran ist natürlich auch etwas Wahres. Aber auch daran, daß im Gespräch oft etwas Geschriebenes verkleinert und zerstört wird. Kultfiguren verhindern dies natürlich von vornherein.

M: Ich komme auf Arno Schmidt, weil Sie auf den ein-, zweimal verweisen in Ihrem Werk und weil Arno Schmidt ein Mann war, der ein sehr hermetisches Leben führte, abgeschlossen in seinem Heidehäuschen, streng bewacht.

H: Mein Text »Fischessen bei Arno« ist eine Hommage und gleichzeitig ein Wadenbiß, weil mich seine Art der Hermetik wenig interessiert hat. Sie hat mich übrigens auch sehr wenig angestachelt, weil ich dahinter doch eine mir ziemlich unerträgliche Spießigkeit geahnt habe.

M: Spießigkeit, nicht Pose?

H: Nein, nicht Pose. Kunstposen liebe ich, aber mir hat sich das Gefühl vermittelt, daß er im sozialen Umfeld außerhalb des Hauses, außerhalb seiner ihn schützenden und tragenden Latschen und der Fürsorge seiner Frau etwas verloren gewesen wäre. Und das reizt wenig. Dann lieber einsam wölfisch in einer Art von Lebenswüste. Ich denke, das biedere Innere von Arno Schmidt stand in krassem Gegensatz zu dem, wie er geschrieben hat. Die Flucht in die Brillanz der Sprache, in die unendliche Beschwingtheit und Spracherfindung deutet eher darauf hin, daß die Sprache, in der er real lebte, verhältnismäßig enttäuschend war. Das ist kein nachahmenswertes Bild.

M: Ihr Erstlingswerk »Das Geschlecht der Gedanken« ist 1978 im Verlag Frauenoffensive herausgekommen und dann als Taschenbuch 1988 in Fischers Reihe »Die Frau in der Gesellschaft«. Das ist ja eine zweimalige Frauenbetonung. Wie stehen Sie dazu?

H: Das ist mehr als eine Betonung, das ist eine Heraushebung und schonungslose Zuordnung. Ich erzähle dazu eine Geschichte: Dieses Buch habe ich bereits 1969 in meinem Kopf gehabt und es 1971 abgeschlossen, es ist also uralt. Einen Großteil des Buches habe ich in meinem allerersten, mir erlaubten Schreibrausch geschrieben, d. h. die für mich wichtigen Teile in drei, vier Monaten. Aber die Gesamtqual um das Buch herum, das Ringen um den Ausdruck, hat sicher ein ganzes Jahr gedauert. Es war die erste Möglichkeit, meiner Besessenheit die notwendige Sprache zu geben, und damit war es auch ein ganz großes Glück. Es blieb dann sehr lange ungedruckt. Ich hatte es eingereicht bei vielen Verlagen und zum großen Teil auch Lobreden bekommen, aber den meisten war das Thema zu abseitig. Und als dann, auch als Reaktion auf die männlich-dominierte, dogmatische Linke, die ersten alternativen Verlage entstanden, gründeten sich auch die Frauenbuchverlage. Ich habe mein Manuskript, das damals noch »Messer im Kopf« hieß, also erneut fotokopiert und das für mich schon etwas abgestandene Werk auch noch an die Frauenbuchverlage geschickt, von denen sich gleich zwei dafür interessierten. Da ahnte ich, daß die Zeit gekommen zu sein schien, und habe mich dann für die Frauenoffensive entschieden. 1977 machten wir den Vertrag, und mein allergrößter Wunsch war nun in Erfüllung gegangen. Ich weiß aber noch wie heute, daß ich danach einen regelrechten Weinkrampf bekam, weil mir klar war, daß ich mit dieser Veröffentlichung in eine reduzierte Ecke geraten war, d. h. einer für mich zwar herausragenden und notwendigen Literatur zugeordnet wurde, die aber von Anbeginn an einen Erlaubnischarakter im Abseits hatte. Denn mein Anspruch, meine Liebe und meine ganze Besessenheit waren viel höher. Aber im Rückblick kann ich sagen, und konnte es auch schon ein Jahr nach der Veröffentlichung, nachdem ich schon sehr im Gespräch war und mich zu einer heftigen Frauenrechtlerin entwickelt hatte, daß es mich geradezu erfüllte. Meine Literatur hatte ja auch die Aufgabe, seelische Aufwinde zu geben, Erkenntnisse zu schaffen, und die nahm ich wahr.

M: Mit diesem Anfang können Sie sich also inzwischen identifizieren? Ich frage deswegen, weil Elfriede Jelinek sich beklagt hat, daß ihre Werke – nicht von ihrem Verlag, aber von den Buchhändlern – im Regal für »Frauenliteratur« vorrätig gehalten werden. Ich bin mit ihr in diesem Punkt voll solidarisch, ich finde dies abartig und genauso diskriminierend, wie wenn Thomas Manns »Tonio Kröger« unter »Jugendschriften« angeboten würde.

H: Oder als »Männerliteratur«. Ja, das ist auch meine Wut, es ist eine infame Degradierung! Ich nenne es die Katzentischliteratur, zu der die Schwellungen des Bauches hinzukommen, was zur Stabilisierung und nicht zur Überschreitung von Frauenbildern beiträgt. Dadurch erreicht diese Literatur kaum Männer, was ich ganz betrüblich finde. Ja – diese Wut habe ich genauso. Es kommt aber noch etwas ganz Entscheidendes hinzu. Ich muß gestehen, daß ich oft die literaturkritische Herangehensweise von männlichen Rezensenten als draufgängerischer und schonungsloser empfinde. Ich mag so einen strengen Blick eigentlich lieber, als in einer schwesterlichen Schonungsecke zu stehen.

M: An einem zentralen Wendepunkt Ihres Romans, nämlich als Conni sich zur Erinnye, zu einer Göttin der Rache und Vergeltung gewandelt hat, wird der Titel um »unberührbar« ergänzt: »In Wirklichkeit entdeckte ich das unberührbare Geschlecht der Gedanken, und ich glaubte zu wissen, daß mir nichts mehr widerfahren könnte.« Wie möchten Sie das verstanden haben?

H: Ich habe eingangs gesagt, daß die besten Strecken im Rausch geschrieben sind, und das ist eine dieser Strecken, jedenfalls für mich. Und es ist in gewisser Weise ein Signal des Unterbewußten, auch in Verknüpfung mit der poetischen Möglichkeit, die ich damals besaß. Im Laufe der Jahre wurde mir klar, daß ich da einen Satz entlassen habe, der nicht nur sehr viel mit mir zu tun hat und immer mehr mit mir zu tun bekam, sondern einen, der sich als sehr wahr und tragreich erwiesen hat, daß nämlich das Hirn der Sitz des Geschlechtlichen ist, auch des Sexuellen. Und dieser Satz erfährt noch eine Verkrassung dadurch, daß in dem Buch eine vollkommene Ablehnung der traditionellen Angebote von Weiblichkeit nicht nur gefordert, sondern alles Weibliche richtiggehend verabscheut wird. Dieser geschützte Ort des Hirnes, in den niemand hineinschauen kann, war für mich so wichtig, weil es ein uneinsehbarer, ein Blindort ist, aber von allergrößter Auswirkung. Ein tückischer, ein unerkannter Ort.

M: Unberührbar heißt, uneinsehbar?

H: Ja, und deswegen unkorrumpierbar, weil die (Un-) Sichtbarkeit der geschlechtlichen Zuordnung in einem versteckten Maße als widerständischer Ort fungiert. Es ist ein Schlüsselsatz. Und, um auf die immer wieder gestellte Frage nach dem autobiographischen Anteil zu kommen: Ich würde sagen, er ist fiktiv lebensgeschichtlich. Meine Möglichkeiten und meine Wünsche, aber auch die Kraft meines Antriebes, die in diesem Buch erscheint, ist sicherlich autobiographisch. Ich selbst bin ein vielfältiges Zwiegeschlecht.

M: »Das Geschlecht der Gedanken« ist die Biographie einer Einzeltochter, deren Vater ein Macho-Popanz (= das Pferd) ist und deren Mutter eine unterwürfige und fleißige Masochistin (= die Ameise) ist. Die Tochter erhält den Namen Conni, was auf beide Geschlechter paßt und keines der beiden präjudiziert.

H: Diese Deutungen, mit denen Sie jetzt lavieren, chauvihaft und masochistisch, waren zu der Zeit der Niederschrift des Buches nicht in der Gesellschaft geläufig. Das Wort Chauvi war ein Fremdwort, und der heute so vielverbreitete Masochismus existierte öffentlich ebenfalls kaum. Für mich ist dieser Vater ein sehr sprachloser, in sich eingeschlossener, täppischer, letztlich vollkommen unglückseliger und unausgeprägter Mensch, jemand, den Bergmann einen »Analphabeten der Gefühle« nennen würde. Er ist schädlich aus der Sicht des Mädchens heraus und schädlich auch ganz besonders für sich selbst. Eine tragische, wie ich finde, sehr allgemeine Figur.

M: Was dann in der Traumszene ganz deutlich wird, aber darauf kommen wir noch. Was sind die hauptsächlichen Unterschiede Ihres eigenen Gewordenseins zu dieser eben geschilderten Grundkonfiguration?

H: Die sind gravierend. Ich kann nur mutmaßen, daß ich in den fünfziger, sechziger Jahren gar nicht anders konnte, als die Wahl einer derartig schaurigen Kleinfamilie zu treffen: diese typischen, kleinen, engen Familien mit ihrer suchthaften Geborgenheitssuche – die Seele genauso groß wie die Stuben, in denen sie sich aufgehalten haben –, aber ich hatte eben das große Glück, in einer ständigen Überschreitung aufgewachsen zu sein, denn ich selbst komme ja aus einer noch richtigen, man kann sagen Tschechowschen, Großfamilie. Wir hatten vor der Flucht ein riesenhaftes Haus in der Nähe Berlins, mein Vater war Fabrikbesitzer, wir drei ältesten hatten jeweils ein Kindermädchen und Privatunterricht, sind also abgeschirmt und geschützt aufgewachsen. Aber gleichzeitig hatte ich keine Erziehung, denn meine Mutter war bis zu ihrem Tod eine der letzten Damen, mit all den schrecklichen Fehlern, auch für sich selbst. Sie konnte mit allen umgehen, aber nicht mit ihren Kindern. Wir waren fünf Mädchen, aber meiner Mutter war es nie möglich, eine gewöhnliche Mutterfunktion zu übernehmen. Ich hatte also ein großes Erlebnis- und Wachstums-Freigehege und konnte die Kraft zur Neugier entwickeln. Schon als Kind besaß ich eine große Unruhe, und das Sträflichste, woran ich denke, an das meine Mutter mich immer wieder erinnerte, war, daß ich einen Hang zu den sogenannten einfachen Leuten hatte, zu denen der Zugang mehr oder weniger verboten war. Ich war stundenlang bei diesen Leuten und schaute nur zu. Ich wurde deswegen oft bestraft, aber mich hat damals bereits der Gegensatz gefesselt: So paradiesisch ist Leben, und so grauenhaft, so unerträglich ist es, wenn man die Kindheitsträume verläßt.

M: Das kommt in einer Racheszene von Conni zum Tragen, als sie zu dieser Proletarierfamilie geht, wo die Mutter nur mit Bodenseifen beschäftigt ist und dauernd gedemütigt wird und sie auf raffinierte Weise die Frau dazu bringt, ihren Mann zusammenzuprügeln.

H: Die Racheszenen sind ja keine simplen Racheszenen. Es geht dabei um die Opfer, die sich dadurch befreien sollen. Durch die Art der Zuspitzung, die Conni auf boshafteste Weise einfädelt, sollen die Personen ihre Fesseln so stark spüren, daß sie zurückschlagen müssen, sozusagen eine Art Entfesselung aus ihrem drangsalierten Dasein erleben.

M: Das Ameisentum von Connis Mutter zeigt sich ja im Putzen und Wienern, im Fegen und Kochen und Abwaschen und Bügeln und Ordnen. Ich nehme an, daß Sie das nicht von Ihrer Mutter haben?

H: Ich habe meine Mutter niemals putzen sehen, in meinem ganzen Leben nicht.

M: Gab es das irgendwo in dieser Weise, wie Sie es so plastisch bei Connis Mutter beschrieben haben?

H: Ja, ganz sicher. »Das Geschlecht der Gedanken« hat ja einerseits die Unverschämtheit einer Erfahrungs-Behauptungs-Ebene, andererseits setzt es sich zusammen aus präzisesten, jahrelang zusammengetragenen, für mich unerträglichen Beobachtungen. In meinen entscheidenden Jahren, von meinem 16. Lebensjahr an bis zu meinem 31. Jahr, in dem ich anfing zu schreiben, war ich ja Reisende. Ich war die allererste Reisende in der ganzen Bundesrepublik, womit sich die Aufgabe verband, jeden Montag einen Koffer zu packen, meinen damals äußerst klapprigen VW in Schuß zu bringen, was man selber können mußte, weil man unterwegs auch Pannen hatte, und dann jeden Tag, meistens

14 Tage am Stück, unterwegs zu sein, was hieß, pro Tag 500 bis 600 Kilometer zu fahren. Und da lebte ich ja nicht nur in kleinen Pensionen, sondern habe auch privat übernachtet, weil die Firmen sparen mußten und ich die Spesen einsparen wollte. Nach dem Verlassen meiner Kindheit habe ich nur noch so gelebt, was mich wach und lebendig hielt. Die anderen Kreise existierten ja nicht mehr. Da war nur noch Wehmut und Heimweh und Sehnsucht. Ich hatte jedenfalls genug Beobachtungsfelder. Es war präzise Beobachtung und Schaudersammeln in einem.

M: Sie sind 1940 geboren. Ihrer Schilderung entnehme ich, daß der Krieg an Ihnen vorübergegangen ist. Vater nicht eingezogen etc.

H: Das ist ein Wundpunkt in mir, daß ich den Dingen, die nicht in Ordnung waren, nicht auf den Grund gegangen bin. Ich weiß nur so viel, daß mein Vater Flugzeugpropeller aus Sperrholz, sogenanntes kriegswichtiges Material, herstellte in seiner Fabrik. Ich habe dann später erfahren, daß mein Vater Personen aus dem Betrieb nennen mußte, die statt seiner an die Front geschickt wurden, und es war dann nicht eine Person, sondern es mußten drei sein. Da sind sicher viele üble Dinge vorgefallen. Ich glaube nicht, daß mein Vater ein offener Nazi war, aber das möchte ich auch mit Vorsicht sagen. Wir haben den Krieg in Bruchmühle bei Berlin so erlebt, daß ich mich an Fliegerangriffe erinnern konnte, aber das war schon fast alles. Die Flucht war dann schrecklich. Das war eine solche Zäsur im Leben, nach der nichts mehr außer der Haltung blieb.

M: Das war wann?

H: Die Flucht war 1945. Mein Vater, vorsorgend, wie er als Unternehmer war, hatte vorher ganze Waggons mit unseren Sachen nach Thüringen verladen lassen, wo wir nur ganz kurz waren, weil Thüringen russisch besetzte Zone wurde, aus der wir noch, kurz bevor die Russen kamen, nach Bayern fliehen konnten, allerdings ohne die Waggonladungen mit unserer Habe. Wir sind insgesamt dreimal herumgezogen, und das war wirklich eine furchtbare Zeit. Vor allen Dingen für meine Eltern, die es gar nicht bewältigen konnten. Anfangs hatten wir noch unsere Kindermädchen mit und den Fahrer, der unser Auto, einen Holzvergaser, fuhr, und ich erinnere mich auch noch ganz deutlich, daß unsere Beschützer ein Verhältnis miteinander hatten und uns bei Nacht und Nebel verließen. Das war eine endgültige Auflösung aller gegebenen Werte. Ich hätte die vollkommene Verwandlung des Lebens wahrscheinlich als Abenteuer, als Öffnung zu einer ganz anderen Realität begriffen, wenn ich mit meinen Eltern nicht so mitgelitten hätte.

M: In Niederbayern gelang es Ihrem Vater, wieder einen Betrieb aufzubauen. Wie paßt das zu Ihrer Aussage, er sei nie wieder auf die Füße gekommen?

H: In der Arbeit ja. Menschlich und für sich nicht mehr, er war ein gebrochener Mann und blieb es auch. Das ist sicher ein Grund, warum er so früh gestorben ist. Und vor allem stellte sich heraus, daß mein Vater mit Geld überhaupt nicht umgehen konnte, daß er ein Tagträumer war, ein Seelentänzer. Er hat sich dann in Niederbayern über seine Erfindungen gestürzt und angefangen, die merkwürdigsten Schaukelpferde herzustellen und z. B. Holzschuhe zu erfinden, die von ein paar Riemchen und Kugeln dazwischen festgehalten wurden, was damals durch alle Zeitungen ging. Damit konnte man alles, nur nicht darauf gehen, doch es war eine Erfindung, die uns alle ernährte. Wir Töchter mußten damals von morgens bis abends die Schaukelpferde vorführen. Später wurden Leute eingestellt, die die Pferde bemalten, und noch später baute mein Vater dann alte Bauernschränke nach. Da hatte er schon wieder ein kleines Sägewerk mit vier bis fünf Leuten. Das ging aber nicht lange gut, weil der Betrieb mit erheblichem Verlust arbeitete. Sein quasi letzter Coup war, wie immer an der Grenze der Legalität, daß er aus unserer früheren Heimat Bruchmühle die teuersten Schälmaschinen herausholte und nach Bayern bringen ließ, und von da an konnte er wieder einen richtigen holzverarbeitenden Betrieb aufbauen, was ihm sehr schnell gelang, allerdings mit sehr vielen Krediten. Dazu hat er immer meine Mutter vorgeschickt, die auffallend schön war und großen Charme besaß.

M: Wo sie war, gingen die Herzen auf.

H: Ja, wo sie auftauchte, wurden die Gelder lockergemacht. Mein Vater hat sie ganz eingesetzt, und später mich auch. Er hat die Weiblichkeit für sich arbeiten lassen. Innerhalb von ein paar Jahren hatten wir wieder 170 Arbeiter, es war also ein großer Betrieb, den ich zum Schluß geleitet habe. Ein angesehenes, aber hochverschuldetes Unternehmen.

M: Der Volksmund sagt, der Wunsch nach Söhnen ist der Vater vieler Töchter. War das bei Ihnen so?

H: Ich sollte natürlich ein Sohn werden. Und ich glaube, daß das das größte Geschenk, aber auch der größte Fluch für mich war. Den Fluch habe ich erst sehr viel später erlebt und mit mir ausmachen müssen. Mein Vater hatte ja die Firma schon umbenannt, als ich noch gar nicht auf der Welt war. Später entdeckte ich dann das Briefpapier mit »Heinrich & Sohn«. Alles war gedruckt, alles war schon da, und dann kam halt etwas in Rosa.

M: Würden Sie sagen, daß Ihre Mutter in Ihnen eine bessere Frau gesehen hat, eine tüchtigere, eine lebenstauglichere, oder hat Sie in Ihnen einen zweiten Ehemann gesehen?

H: Ehemann auf gar keinen Fall. Dazu war ich vollkommen ungeeignet. Kurz bevor meine Mutter starb, zu der wir alle bis zu ihrem Tod ein gleichermaßen inniges wie kompliziertes Verhältnis hatten, öffnete meine Mutter das Fenster, nach einem sehr schönen, langen Gespräch, und rief mir hinterher: Jutta, vergiß nicht, du bist auch eine wunderbare Frau. Ich glaube, das war ihr Vermächtnis, denn sie ist ein paar Tage später gestorben. Ich war schon fünfzig. So lange hat es gedauert.

M: Hat es so lange gedauert, oder hat es so lange gedauert, bis sie es sagen konnte?

H: Ich habe es ihr verziehen, daß sie es nicht früher sagen konnte, denn ich habe meine Eltern sehr an den Rand des Erträglichen getrieben. Ich war ja nicht nur der Sohn, der sehr viel geleistet hat und unentbehrlich war, sondern, als ich in die Pubertät geriet, die heftig und früh war, gnadenlos gegen mein soziales Umfeld. Das war bereits in der Nachkriegszeit. Ich entdeckte nicht nur die Männer, sondern auch die Frauen, d. h., ich lebte sowohl mit Männern als auch mit Frauen. Und da ich nicht nur geschwärmt habe, sondern eine ungewöhnlich dreiste Eroberin war, habe ich meine Eltern entsetzlich düpiert und in die größten Peinlichkeiten gebracht.

M: Das war in Niederbayern eigentlich nicht Brauch.

H: Nein, und was am allerschlimmsten war, ich habe es ja nicht verheimlicht. Ich trat durchaus auf mit Stökkelschuhen und tief dekolletiert. Vollbusig, wie ich war, wurde ich dann nicht in Ruhe gelassen und war ständig im Zentrum von begehrlichsten Wünschen, wobei ich oft diejenige war, die begehrte. Andererseits, und um meinem doppelten Begehren versteckt nachgehen zu können, arbeitete ich mir die Anzüge meines Vaters um. Mein Kleiderschrank war genauso zweigeteilt wie ich selbst. Und wenn ich heute scheinbar so leicht darüber reden kann, muß ich gleichzeitig sagen, daß es ein qualvolles Dasein war, daß ich mich niemals entscheiden konnte, was ich war, daß ich es niemals wußte und daß ich erst sehr viel später gelernt habe, die Zwischenräume zu leben. Damals konnte ich nur die Extreme leben, und natürlich habe ich damit meine Eltern entsetzt.

M: Dann müssen Sie aber doch hin- und hergerissen gewesen sein. Sie haben in einem Interview gesagt, daß es in Ihrem ganzen Leben vielleicht nur drei Jahre gegeben hat, wo Sie nicht verliebt gewesen sind. Hat das Verliebtsein jeweils die Garderobe gesteuert?

H: Selbstverständlich. Ich denke, das ist bei mir ein durchgängiges Signal, Symbol, eine libidinöse Verhaftung: das Selbstbegehren. Liebe hieß für mich: zu lieben, entflammt sein – bis zur Fiebrigkeit. Lieben ist: selbst lieben und nicht geliebt zu werden. Ist das für eine Frau nicht immer unverträglich? Wenn ich geliebt wurde, habe ich stets Unglück gebracht, und das reichlich. Die Garderobe offerierte mein Lieben und Begehren. In ihr und durch sie verwandelte ich mich zur Jägerin, die Garderobe war nicht nur das Rüstzeug, sondern Signal und die Haltung einer, die ihre Liebe zeigt. Natürlich mit allem Raffinement. Ich war ja kein gewöhnlicher Kerl, sondern eine aufmerksame, schenkende Kavalierin. Das machte meinen enormen Erfolg aus. Ich inkarnierte keine plumpe, derbe Männlichkeit, sondern eher eine Art Oscar Wilde.

M: Etwas von dieser Verführungskraft hat Conni. Ich erlebe Ihr Buch wie ein Theaterstück in drei Akten. Der erste Akt ist der Werdegang Connis zu einem Menschen, der keinem von beiden Geschlechtern angehört. Der zweite Akt ist der Rachefeldzug von Conni, und der dritte Akt ist die nochmalige und abschließende Auseinandersetzung mit den Eltern. Nach meinem Eindruck reagierten die Rezensenten fast ausschließlich auf die ersten beiden Akte, auf die erbarmungslose Zurichtung nach Geschlecht in kleinbürgerlicher Dressur und auf Connis Auflehnung dagegen. Der dritte ist nicht perzipiert worden.

H: Oder kaum. Dieses Buch sollte ursprünglich bei einem anderen Verlag als Taschenbuch erscheinen, und ich erinnere mich, daß ein damaliger Lektor des Verlages den verräterischen Satz sagte: Ach, am Schluß wird mir das Buch doch zu gut. Also, diese Art von Verwandlung, mit der wollten sie sich nicht übereinerklären. Ich glaube, das hat auch darin den Grund, daß das Buch zu einseitig, nämlich als eine mögliche Emanzipationsgeschichte, aufgenommen wurde. Für mich steckt hinter dem Buch sehr viel mehr als dieses Oberflächenbild.

M: Die Szenen des ersten Aktes zeigen Conni in einem dauernden ambivalenten Schwanken zwischen Vater und Mutter. Einerseits identifiziert sie sich mit ihrem Vater: »Weil ich nicht von seinem Leben lassen konnte, da mir sein Leben begehrlicher erschien, machte ich mich zum Verbündeten eines Mächtigen..., und dafür (verriet ich) meine Mutter oder die Liebe zu ihr...« Andererseits will sie der Mutter helfen: (Ich) »beschloß, stark und fest zu werden, eventuell wie Vater, um ihresgleichen zu beschützen.« Ich glaube, es ist doch viel von Ihnen, zumindest in dieser Figur.

H: Das kann ich nur bekräftigen. Es sind sehr viele unbewußte autobiographische Züge enthalten, was für mich nachträglich nur für das Buch spricht, weil es in gewisser Weise auch eine Berührung des Unterbewußten bleibt. Der Schlüssel mag in etwas liegen, was mit meiner Mutter zu tun hat, die ich zwar abgöttisch liebte, anziehend, phantasievoll und toll fand, andererseits aber nur Mitleid mit ihrem Leben haben konnte, selbst mit ihrem Leben. Diese Ambivalenz erscheint selbstverständlich auch im Buch. Schon mit dreizehn Jahren dachte ich, daß ein einigermaßen waches Mädchen alles werden will, nur keine Frau. Und mein Traum war auch, mein ganzes Leben maskiert zu leben. Und die Frauenbewegung hat den Schritt zu einem befreiten Selbst auch nicht geschafft, sondern nur bewiesen, daß die Opferbezeichnung mehr oder weniger zu Recht besteht. Und in diesem Zwiespalt lebte ich: einerseits meine Mutter so zu lieben und sie doch restlos ablehnen zu müssen als Opfer. Sie war für mich in gar keiner Weise ein Vorbild. Ihr Geist, ihre Offenheit, ihre Beweglichkleit, ihr ganzes Zuhause war das Sprechen, das war ihre Weite, aber nicht ihre wirkliche Lebensbewegung, die war vorgeschriebene Enge: damenhafte Migräne, Konversation, Liegen, ein diwanisches Dasein.

M: Auch während des Anhörens des Geschlechtsverkehrs ihrer Eltern nimmt Conni Partei für ihre Mutter, für die Ameise, und imaginiert, daß Schwärme von Ameisen sich im Bett des Vaters sammeln, ihm die Haut tausendfach durchlöchern. Nun haben die frühen Psychoanalytiker das Erleben des Eltern-Geschlechtsverkehrs für derart prägend gehalten, daß sie ihm einen pompösen Namen verliehen: »Die Urszene«. War dies ein prägendes Erlebnis Ihrer Kinderjahre?

H: Diese Szene ist überhaupt nicht autobiographisch, denn dadurch, daß unsere Eltern nur zum Gute-Nacht-Kuß da waren und ich meinen Vater meistens nur mit verschränkten Händen auf dem Rücken von hinten gesehen habe, und auch später blieb der Kontakt trotz der Armut und der beengten Wohnverhältnisse geprägt durch die alten Formen, in denen meine Eltern verkehrt hatten: Meine Mutter hatte ein eigenes Zimmer, mein Vater hatte ein eigenes Zimmer. Dazu kam die zweite schwere Prüfung, denn im Desaster der Besitzlosigkeit verliebte sich meine Mutter in einen Mann, der vollkommen unter ihrem Niveau war, so daß die Trennung der Schlafzimmer auch noch dringendst angesagt war. Ich denke, daß der Schock, daß Eltern überhaupt geschlechtlich zusammensein können, daher rührt, daß ich niemals vorsexuelle oder auch nur ahnungsvolle Intimitäten erlebt und gesehen habe, und da ich mir zwei Körper – ich selbst habe mir natürlich Sexualität geholt und heftigst gelebt – gar nicht vorstellen konnte durch diese ungeheure Distanz, hat sich natürlich der Sexualakt in etwas Schauriges verwandelt. Und das hat sich nicht sehr viel verändert bis heute, im Gegenteil.

M: Entsetzlich traurig finde ich die Szene, wo Conni, weil sie die Spannung nicht mehr aushält, unter den Frühstückstisch taucht und sieht, daß Vater ihre Mutter gegen das Schienbein tritt. Conni rutscht zu ihr und »küßte vorsichtig und unhörbar die getretene Stelle«. Die Mutter schreit entsetzlich auf, und Conni bekommt eine kräftige Ohrfeige.

H: Das ist für mich insofern eine wichtige Schlüsselszene, als die offene Liebe da, wo der Schmerz Entlösung werden könnte und an diese Stelle Leben, ein Selbst und Befreiung treten könnten, überhaupt nicht mehr vorhanden ist, daß das Getretensein ein so selbstdurchdrungener Akt geworden ist, daß eine andere Vorstellung getötet werden muß. Die Vorstellung dringt nicht mehr vor in ein wahres Empfinden dieser Mutter. Sie kann nur darauf reagieren, daß die Beschädigung etwas ist, worüber sie sich am Leben erhalten kann. Aber die Auslöschung der Beschädigung oder die Hilfe, die Beschädigung zu ertragen, ist für sie unerträglicher als der Schmerz, an den sie sich gewöhnt hat, wobei ich hier die Übertreibung in der Darstellung in ein Mädchen verlagert habe, die es so stark und heftig erlebt, weil sie es nicht fassen kann. Es hätte ja auch aus Versehen sein können. Wenn ich danach gefragt worden bin, habe ich diese Möglichkeit auch eingeräumt, aber das Bild, das ich dort erfunden habe, zeigt die Knechtschaft, die schon in die Unterwelt verbannt wird, da, wo sie ganz unter sich und immer im Verschlossenen bleibt. Die Erlösung ist nicht mal mehr denkbar.

M: Ich habe das Erschreckende doppelt gesehen. Einmal so, wie Sie es schildern, daß dieses Schmerzerleiden so selbstverständlich ist, daß Tröstung gar nicht denkbar ist, aber auch, daß damit Conni in einem Versuch, sich der Mutter anzunähern, total zurückgewiesen wird.

H: Das auch, das als allererster, schneidender Schmerz, eine Urwunde. Ich glaube, daß für die Beschreibung der Szene in meinem Unterbewußten auch wichtig gewesen sein mag, daß mit dieser Hinnahme, mit diesem Ertragen eine Übereinkunft zum unerträglich Väterlichen signalisiert bleibt. Das ist ja das, was ich am allerschlimmsten finde, daß die Mütter – und im weiteren Sinne eben die Frauen – durch den Schmerz und durch die Ungelöstheit und die Unhoffnung, in ihr eigenes Leben hineingehen zu können, eine Phalanx, eine Verbindung mit dem negativ Männlichen, dem enteignenden Mann, dem ihnen schadenden Mann eingehen. Diese vertrackte Verschmelzung wollte ich zeigen.

M: In den letzten Szenen dieses ersten Aktes heißt es: »... und durch ihre eifrigen Bemühungen wußte ich plötzlich, daß ich keines der Geschlechter meiner Eltern sein wollte, daß mich beide abstießen.« Und, wenig später: »Gewaltsam aufgestöbert und gekennzeichnet durch die Art meines Geschlechts, hatte ich nur den einen Wunsch, kein Geschlecht zu besitzen.« Das ist Conni. Sie haben beide haben wollen?

H: Ja, mit allen Nuancen.

M: Um das Maß voll zu machen, erteilt Mutter Sexualunterricht an ihrem eigenen nackten Körper. »Mich packte eine unbändige Wut, daß sie, meine Mutter, mir keine andere Möglichkeit gab, als das zu werden, was sie war, und so stahl ich mir das Herrische von Vater, um sie dafür zu strafen.« Das ist ohne Frage Erfindung, aber eine szenisch sehr dichte Erfindung.

H: Es ist das Abtasten und mündet wieder in den Körper des Verrats. Die Mutter ist ja nicht nur ein erleidender, sondern auch ein verratender Körper, der die töchterliche, die mütterliche und insbesondere die schwesterliche Übereinkunft mit Frauen verrät. Das Peinigende dieser Szene entsteht dadurch, daß die Mutter den Vorsprung, den Conni schon im Geistigen besitzt, nicht einmal erahnt, weil sie sich ein solches

Selbst, das soviel Macht besitzt, nicht vorstellen kann. Die Tochter bleibt selbst in diesem Moment so entfernt von der Mutter, daß sie sich eigentlich niemals mehr begegnen können.

M: Damit beginnt der zweite Akt. Conni zieht aus, um zu strafen, Männer, wie Vater, und Frauen, wie Mutter, ihrem verdienten Unglück zuzuführen. In einer ersten Szene, erstmals »verkleidet« als Frau, verführt Conni einen Jungen im Freibad, um dann seinen nackten Unterkörper mit Steinen zu bewerfen. »Atemlos lief ich bis an die Häusergrenze... und genoß die unerhörten Wonnen.« Ist das nur Conni?

H: Die Szene ist nicht im mindesten autobiographisch, sondern die Schmach, die ich erlebt habe, sobald ich in Frauenkleidern steckte, die andere verführten, war für mich, daß ich plötzlich erlebte, nicht anders zu sein als meine Mutter, daß all das, was ich sonst im Kopf, in der Vorstellung, in der Abenteuerlichkeit, im Niederreißen, in der ätzenden Sicht besaß, allein dadurch, daß ich Stöckelschuhe anhatte, nicht mehr durchsetzen konnte. Ich erlebte, und das macht auch mein Begreifen aus, wie sich eine Frau von innen anfühlt, wenn sie sich zum Opfer ihres eigenen Lebens macht. Ich habe mich in jungen Jahren dreimal hintereinander verlobt, weil ich ausprobieren wollte, wo ist eigentlich die Grenze der dümmsten Selbsterniedrigung, wie verhält man sich. Ich weiß noch: Es mußte auch ein Verlobungsring her, damit ich ausprobieren konnte, wie sich das Gefängnis anfühlt. Und das Rebellische, mein ganzes vertracktes Ich war umschnürt von diesem Ring. Ein perverses Versickern. Nicht nur die angemessene Verkleidung hat mich verzeichnet, sondern ich habe am ganzen Leib, bis ins Innerste meines Seins gespürt, eine Gefangene zu sein.

M: Der Ritus der Verlobung war mächtiger als Sie?

H: Der war mächtiger.

M: Zurück zu Conni: Es gibt die zweite Racheszene. Da sabotiert sie ihren Vater, der ihr ein Fahrrad geschenkt hat und sie nun damit zu dressieren versucht. Ihr Fahrradfahren ist unproblematischer gelaufen?

H: Ja. Es gibt überhaupt nichts an meinem eigenen Vater, was an diesen literarischen Vater auch nur annähernd erinnert. Mein Vater hat sich auf diese Art von kleinbürgerlichem Ressentiment überhaupt nicht eingelassen. Seine Unterdrückung war geistreich und uneinsichtig. Mein Fahrrad habe ich mir übrigens selber gekauft mit dem Geld, das ich im Betrieb meines Vaters verdiente, das hätte er nicht anrühren dürfen, nein, das ist eine reine Erfindung – in der Hoffnung, daß die Mutter sich befreit. Es gibt ja das Bild, wie die Mutter im Badezimmer steht und alles beschlagen ist von den Dämpfen, die für mich auch Körper- und Angstdämpfe sind, in die sie sich selbst einschließt, weil sie glaubt, diesem Mann niemals Paroli bieten zu können, obwohl sie ihn wahrscheinlich mit fünf Sätzen vollkommen hätte entsockeln können. Das ist ja meine Wut über Frauen, daß sie nicht einmal die Bravour besitzen, sich entgegenzustellen. Ich gehe sogar noch weiter und behaupte, daß die Männer darüber so enttäuscht und wütend sind, daß sie immer wieder versuchen herauszufinden, wie weit sich die Frauen das gefallen lassen. Und diese Mutter tut eben wirklich nichts. Die letzte Herausforderung ist, als Conni geschlagen wird, daß sie, obwohl sie die Geschlagene, die Schmerzerleidende ist, die Mutter auffordern kann, wenigstens ein einziges Mal aufrecht zu gehen. Auch diese Szene ist eine vollkommene Erfindung. Sie ist nur die Verlängerung der Leine, an der die Mutter ein Leben lang ging, dieser Nabelschnur aus dem Falschgebärenden.

M: Schließlich kommt Conni in die Klosterschule, die Sie derart eindringlich beschreiben, als ob Sie selber in einer gewesen wären. Ist das so?

H: Das stimmt allerdings. Es gab in der einzigen Kleinstadt in der Nähe eine Klosterschule der Franziskanerinnen. Das nächste Gymnasium war in Bad Reichenhall, was zu weit weg war, und mein Vater hat dann aufgrund seines Einflusses durchgesetzt, daß ich als Evangelische in einem katholischen Orden aufgenommen wurde.

M: Extern oder intern?

H: Ein halbes Jahr intern, bis bei mir Unregelmäßigkeiten entdeckt wurden, so daß ich das Internat verlassen mußte.

M: In der Klosterschule trifft Conni auf die Nonnenanwärterin Marga: »Sie war blaß und pickelig, und von ihr ging eine Verlassenheit aus, die meinen Neid weckte. Ich dachte an eine Ausgestoßene, die sich selber immer weiter verstößt.« So ganz habe ich den Neid von Conni nicht verstanden.

H: Ich hätte es damals nicht deuten können, bin aber heute geneigt zu sagen, daß das einzige, was das mißlungene Weiblichsein als gewählte Stärke besitzt, ist, bis ans Ende der Verlassenheit zu gehen, im Bewußtsein einer falschen Halbheit. Auch da bin ich gespalten: Das Männliche, das Aktive ist für mich das Langweiligere, während das Weibliche das Verliesartige ist, das Unbekannte, und selbstverständlich könnte das Weibliche das wesentlich Prägendere sein, was es zum großen Teil ja auch ist. Das Weibliche hat eine Ausdehnung, die durch ihre Unsichtbarkeit ein riesiges Reich für mich ist. Deswegen die Formulierung von der Gnade der Verlassenheit.

M: Dann erkennt Conni in Marga andererseits auch: »die Überbringerin einer Lust zwischen zwei Welten«, mithin, daß Margas Wille zur Keuschheit nur versucht, ihre Geilheit ins Religiöse zu sublimieren. Conni verfolgt Marga und beobachtet deren Paarung mit einem Postboten, schleicht sich in Margas Bett und erpreßt diese, sie sexuell zu befriedigen. Am Folgetag, Marga hat sich krank gemeldet, zwingt Conni diese, diesmal sich selbst zu befriedigen. Erst wehrt Marga sich, »dann vergaß sie uns.

Nun endlich konnte ich sie hassen, haßte ihre Sexualität und alles, was sie für mich beinhaltete.«

H: Auch das kann ich wieder deuten, nämlich, daß die Marga eine Person gewesen sein muß, die durch die sexuelle Gier ein atavistisches, unkorrumpierbares Moment in ihrem Körper besitzt. Aber dieses Moment der ihr allein gehörenden wirklichen Triebhaftigkeit, die nicht die Unterstützung einer Weiblichkeit hat und in der sie verschwindet, ist etwas, was den Neid erregt.

M: Also ein Neid-Haß?

H: Ja. Das sehe ich beinahe heute noch so, daß die sich nach außen wendende Triebhaftigkeit der Frau etwas Unheimliches ist, ein sprengendes Moment. Und in gewisser Weise inkarniert das Marga: ihre Ausgeschlossenheit, ihre Fähigkeit zur Einsamkeit, ihre Häßlichkeit, hinter der ein Vesuv haust, der sie nicht zu einer Verbindenden zwischen Mann und Frau macht, aber zu einer Triebreglerin da, wo Mann und Frau als Leib vorhanden sind. Das einzige, was ich als eine erschütternde, bebende Begegnung überhaupt als wahr anerkenne. Und das hat diese Marga für mich.

M: Eine urtümliche, ureigene Triebkraft.

H: Eine unkorrumpierbare. Und diese Art von Triebkraft könnte niemals ein angepaßtes Weibchen werden, und wenn, dann wäre es eine echte männermordende Frau, die zu diesem Prinzip der gegenseitigen Ausplünderung paßt.

M: Meine nächste vorgesehene Frage paßt nun ganz und gar nicht, die lautet nämlich: Ist Sexualität für Sie dermaßen hassenswert? Sie haben gerade gesagt, daß Conni aus Neid haßt und daß Sexualität für sie eine sehr wichtige Kraft ist.

H: Die Urtriebkraft auf alle Fälle. Ich glaube das heute noch. Ich habe mal gesagt, daß es gut wäre, wenn Frauen so weit wären, daß sie begriffen: Unser ganzes Leben ist erschütterbar und geprägt durch Triebhaftigkeit und die damit verbundene Zerrissenheit. Ich mußte immer wieder wählen, ich war gezwungen, mein Leben immer wieder zu zerstören und aufzubauen, und zwar aufgrund der einsetzenden, nicht beherrschbaren Triebhaftigkeit.

M: Wie Sie das schildern, ist es ja nicht nur Gnade, es ist auch ein Fluch.

H: Eine Last, ein Schmerz und Infragestellung.

M: Vorerst zurück zu Ihrem Erstlingsroman. Am Folgetag verlangt Conni eine Unterredung mit der »versammelten Lehrerschaft« und verrät haargenau Margas Unkeuschheit mit dem Postboten, worauf diese aus dem Kloster gewiesen wird. Den Schlußsatz dieser Szene fand ich hochsymbolisch: »Ich... belauschte die Nonnen..., hörte, wie sie vor dem Kruzifix auf- und abrutschten..., in der Furcht, die andere zu erkennen, in dem, der festgenagelt war.« Den Masochismus des Gekreuzigten wollen seine Ihm Geweihten und Ihm Nachfolgenden nicht wahrhaben.

H: Einmal das. Und gleichzeitig, daß sie ihre eigene Sexualität ans Kreuz geschlagen haben und daß dadurch diese Unruhe, die Begegnung mit dem Sexuellen einfällt, die den Nonnen hinterbracht wurde, diese Heimlichkeit, die etwas Obszönes und Gewalttätiges hat. Dadurch erkennen die Nonnen, daß sie Dienerinnen sind für etwas, was sie in sich selbst getötet haben, töten mußten.

M: So haben Sie den Masochismus des Gekreuzigten oder den Masochismus, den das Kreuz fordert oder vorgibt, auch ein Stück als sexuellen Masochismus gesehen?

H: Ich glaube, daß ich eher empfunden habe, daß dieser Jesus dann plötzlich als Mann erscheint, als Geschlechtswesen. Und in der ganzen Klosterschule war Sexualität natürlich das Verbotenste überhaupt. Wir mußten ja mit Badeanzug in die Wanne steigen! Wir durften uns nicht nackt waschen.

M: Die Sünde schlechthin.

H: Ja. Obwohl sie auf allen sonstigen Gebieten wesentlich freier waren. Weg mußte ich dann, weil sich herumgesprochen hatte, daß sich in meinem Bett etwas Ungutes abspielte. Das war natürlich unerträglich, und darüber wurde kein einziges Wort gesprochen. Ich mußte gehen, durfte aber weiterhin die Schule besuchen. Ich hatte ja das große Glück, daß die Nonnen mich liebten, so daß alle anderen schuld waren, nur ich als Auslösende nicht. Ich bin mit dreizehn Jahren zweieinhalb Monate ausgerissen, habe u. a. bei Nutten gelebt und wollte nicht mehr nach Hause. Die Nonnen haben zu mir gehalten und überall erzählt, daß ich Keuchhusten hätte. Das war wirklich einzigartig und auch komisch.

M: Vor der folgenden Szene hat Conni offenbar einen Berufsabschluß gemacht. Sie wird von einer Firma in einer gottverlassenen Industriekleinstadt engagiert, um deren Außenstände einzutreiben. Dieses Geld haben die Männer dieser Stadt allerdings schon längst mit Huren und Saufen verjuxt. Zentrum des Geschehens ist die Hure »Beppi, aus der alle anderen Kraft bezogen, Beppi, die für sie die letzte Stufe des Elends lebte, die noch tiefer stand, weil alle anderen sie bemitleiden und benutzen durften«. Conni zieht die Schraube der Mahnungen an, mit dem Erfolg, daß die Männer ihre Wut erst auf die Frauen richten und dann über sich selber herfallen. Sie waren selber kauffraulich tätig, haben Sie entsprechende Erlebnisse gehabt?

H: Wenn ich an diese Szene denke, dann wage ich sogar zu behaupten, daß ich eine Stadt beschrieben habe, eine Arbeits- und Prostitutionsstadt, wie sie heute nur in getrennter Form vorhanden ist. Die Männer, die arbeiten und die sich ausbeuten lassen, unterjocht, ihrem entsetzlichen Bergwerkstagewerk über Tage nachgehen und eigentlich nur Beruhigung erfahren, indem sie ordentlich saufen und Schulden machen und ihre Nutten haben dürfen. So sehe ich das heute noch. Wenn man den Männern den Suff und den Besitz an Frauen nähme, dann würde eine derartige Rebellion durch die Reihen der Männer gehen, daß sie nicht einmal mehr in den Krieg zögen.

M: Oder gerade. Wenn man den Männern dieses eskapistische Ventil sperrt, weil sie ja im Krieg ihre Aggressionen abführen können, und die Bordelle ziehen ja mit in den Krieg.

H: Und die Frauen stehen natürlich auch zur Verfügung, aber es ist der gewalttätigste Ausbruch der Allmacht, und zu diesem Ausbruch gehört in allererster Linie Herrschaft über Frauen und Waffen. Ich denke immer, daß im Grunde genommen die Männer sich deswegen nicht in Frage stellen können, weil die Hälfte der Menschheit unter ihnen steht, nämlich alle Frauen, zumindest im Krieg, und da werden sie offener Besitz und Vergewaltigung. Die Schonung von Frauen im Krieg ist unter den heutigen barbarischen Zuständen überhaupt nicht mehr gegeben, eine weiße Fahne verwandelt sich umstandslos in ein Bettlaken.

M: Noch einmal zurück zu Conni. Im ersten Akt ist sie Opfer, danach Täterin und dabei in allen Szenen dieses zweiten Aktes ein recht bösartiges Biest: intrigant, jegliche Schwäche anderer ausnutzend, in allen Fällen verführend und hernach verratend. Wie stehen Sie da zu Ihrer Hedlin?

H: Conni hat dieses Aasfeld des sozialen Miteinanders aufgerührt und in einen Kriegsschauplatz verwandelt. Es war mir deswegen so wichtig und ist mir verhältnismäßig leichtgefallen, ihre Boshaftigkeit und Gnadenlosigkeit zu beschreiben, weil ich das Gegenteil bin. Ich bin zwar draufgängerisch, aggressiv, aber vollkommen gewaltlos. Manchmal denke ich, daß dies auch ein Buch war, das ich gegen den Versuch geschrieben habe, ständig in Übereinkunft zu leben, denn trotz meiner Randale war ich immer sehr verbindend.

M: In der letzten Szene des zweiten Aktes verbringt

Conni Ferien in einem Luxus-Seebad, wo sie ein neureiches Paar, dessen Lebenszentrum ihr Luxusauto ist, erotisch umgarnt. Sie bringt den Mann dazu, mit ihr und seiner Frau eine Mut- und-Virtuositätsfahrt zu unternehmen, und läßt sich aus dem Wagen fallen, bevor dieser zerschellt. Nach dem Autoabsturz erlebt Conni ein intensives Einswerden mit der Natur: »Ich lag auf einem Felsplateau, eins und selig, vibrierend in der Sinnlichkeit von Stein, Nacht und Chaos.« Und wenig später: »Ich stand – die Schwingen gebreitet – und vertauschte meinen Kreislauf mit dem des Meeres und der Nacht, fühlte atemlos, wie mein Innerstes allmählich Punkt wurde mit der Unendlichkeit des Nichts.« Freud hat solches Einswerden mit der Natur, in Anlehnung an Romain Rolland, »ozeanisches Gefühl« getauft. Es ist ein Erlebnis der Geborgenheit in, des Verschmelzens mit, des Getragenwerdens von, des Schwebens in einer menschenleeren Natur. Meine Hypothese ist, es handelt sich entweder um die phantasmatische Wiederbelebung des geborgenen, menschenfreien, intrauterinen Schwebens im Fruchtwasser oder um eine harmonische Version des Todes.

H: Das ist es. Unbewußt natürlich, aber es war eine Schlüsselszene für mich: keine Klage, kein Sprechen über einen Ort, von dem aus es nichts zu sagen gibt. Das ist die Überschreitung der Selbstangst: einerseits das Rebellieren an der Grenze zwischen Leben und Tod, die aber immer ängstlich gehütet und geschützt wird, und andererseits zum erstenmal die Wahl der größeren Tat aus Wut und Verzweiflung über die Unveränderbarkeit der Gegebenheiten: das Einssein mit dem Sterben und damit das vollkommene Einssein mit der Unerlöstheit, mit dem Tod.

M: Das ist in dieser Szene mit Conni noch nicht so deutlich. Es wird aber 23 Jahre später sehr deutlich in Ihrer Geschichte »Mitten im Älterwerden«. Da schreiben Sie: »... als ich mitten in einer Autofahrt anhalten mußte, hingerissen von der Schönheit der Umgebung, gleichzeitig vom Tod meiner Mutter gefesselt... ich überschritt, vielleicht zum erstenmal, jenes wilde Imlebenseinmüssen; ich sank in eine Seinsemphase, die aufleuchten mag als Geschenk für Innehalten zwischen Leben und Tod... ich verwandelte mich in die stoische Stille des Waldes, in die auffliegenden Rebhühner, in das Glitzern des Sees, in das Rosa des Himmels, in den Geruch des Morgentaus... und ich – in allem, einzigartiger Teil eines Alles.«

H: Ja, in der Szene kehrt das wieder, denn auch wenn ich das damals unbewußt geschrieben habe, habe ich doch immer in dem rasenden Fluchtpunkt zwischen Leben und Tod existiert. Ich denke, daß ich diese Panik vor der Endgültigkeit immer in heftiges Leben verwandeln konnte, aber wie merkwürdig, daß man versucht, einen allmächtigen Ort aufzusuchen, in dem ein anderes Leuchten einsetzt, so als könnte der Tod im Leben erlebt werden, was eine Illusion ist.

M: Ich sehe es auch ein bißchen als Beschwichtigung. Der Tod wird harmonisiert durch diese pantheistische Lösung. Ich sage immer, eine Träne im Ozean ist weg.

H: Ja, es ist eine Art von Beschwichtigung, ein Köder. Es ist keine wirkliche Auflösung, sondern es ist die Verlängerung des abenteuerlichen, anmaßenden Aktes, eine eitle Situation, die nicht stimmt.

M: Und trotzdem sehr tröstlich und sehr schön.

H: Man empfindet nicht die Allmacht, sondern wird in ihr eins, aufgehoben, insofern stimmt das Bild vom Uterus.

M: Die erste Szene des letzten Aktes vom »Geschlecht der Gedanken« beginnt mit einem Brief der Mutter. Conni solle kommen. Vater liege im Sterben. Trotz ihrer zahlreichen Bestrafungsaktionen, die ja der Abgrenzung dienen, fühlt sich Conni mit ihren Eltern weiterhin untrennbar verbunden, ja verschmolzen: »Je weiter ich lief, um so sicherer spürte ich den Schmerz, mir entgegenzulaufen, den Schmerz, daß die Zukunft nichts anderes war als eine ewige Vergangenheit, daß ich von meinen Eltern weiter nichts zu wissen brauchte, weil ich durch sie sie geworden war, und daß es nichts zu sagen gäbe, weil von uns dreien jeder an jedem Wort des andern und gegen jedes Wort gewachsen war.« Da ist plötzlich eine ganz untrennbare Symbiose.

H: Auch nachtragend gedeutet, mag das die Möglichkeit und der Moment sein, dieses in-sich-selbst-abgekapselte Selbst, das zu einer tiefen Wahrnehmung von anderen gar nicht fähig ist, weil es an den anderen herumlaboriert und ein abgespaltenes Selbst ist, zurückkehrt und weiß: Ich bin doch gar nicht so anders. Ich muß anfangen, es in mir zu bearbeiten und zu bekämpfen, statt es nach außen zu führen. Es ist der erste Moment eines entscheidenden Zweifels. Und vielleicht die erste Möglichkeit, in dem anderen das eigene Unerträgliche als erträglich zu ertragen.

M: In der Tat hat sich nichts geändert, Vater stirbt, wie er gelebt hat: herrisch und tyrannisierend; noch vom Totenbett wirft er Gegenstände gegen die Tür, um Mutter herbeizubefehlen. Mutter ist die Dulderin wie eh und putzt und säubert und kocht und wäscht und pflegt ihren Mann. Conni schafft es auch diesmal nur ein einziges Mal, ihren Arm um die Mutter zu legen: »Ich litt für sie den Schmerz, daß sie niemals gelernt hatte, andere zu lieben, und weil ihr meine Nähe nichts geben konnte, drückte sie sich an mich. Meine Gefühlsregung machte sie so unbeholfen, daß sie heftiger in die Trauer floh.« Eine sehr traurige Szene.

H: Ich stehe zu ihr nach wie vor, und ich stehe auch dazu, daß das gleich wieder aufgehoben wird, denn es ist ja eine erneute Begegnung mit der Unveränderbarkeit. Aber immerhin sagt Conni diesen Satz und begreift, daß die Mutter sie niemals wirklich hat lieben können, weil zur Liebe Befreiung gehört. Conni erkennt hier, daß ihre Mutter nur gelernt hat, auf Nichtliebe in Form von falscher Fürsorge und quengeligem Vorhandensein zu reagieren. Sie deckt dies sogar noch einmal auf, obgleich der Vater tot nebenan liegt. Die Mutter ist nur noch als ihr eigenes Trauma vorhanden, aber nicht in dem Schmerz eines traumatischen Daseins.

M: In einer weiteren Szene reist Conni »monatelang herum, ziellos und wahllos«. Sie erlebt, daß sie »das Gefühl bekam, mein Vater würde mich einer allerletzten Strafe unterziehen, unaufhaltsam spüren zu müssen, daß meine Vergangenheit aus mir herausfiele, unaufhaltsam, wie ein Baum seine Blätter verliert«. Dem will Conni entgegenwirken: »Noch einmal wollte ich die werden, die ich geworden war, und fuhr an einem Wochenende in die Siedlung meiner Mutter.« Das wirkt sehr widersprüchlich, denn Conni hat doch den ganzen zweiten Akt brutal um Abgrenzung gekämpft, darum, »daß ich keines der Geschlechter meiner Eltern sein wollte«.

H: Ist das nicht normal? Jede Befreiung ist doch auch ein Schmerz. Der Verlust einer Neurose muß ersetzt werden durch einen ebenso lebendigen Anteil, und wenn dieser Anteil nicht genug Brennkraft hat, wird die Neurose vorgezogen. Den Schritt empfinde ich schon als einen erweiternden, denn sie betrachtet noch einmal ihre selbst auferlegten Zwänge. Ich habe Conni beschrieben als eine rebellische, boshafte Reisende, deren ganzer Antrieb darin besteht, die Fatalitäten des Lebens, dieses verwurmte Miteinander aufzudecken. Jetzt ist sie ja eine Reisende ins Nichts. Ihr Reisen hat nicht mehr die Schubkraft der Wut, des Hasses. Es wird zum Abenteuer, Scheußliches zu entdecken: scheußlich-reales Leben. Das habe ich hier zum Ausgangspunkt genommen.

M: Conni geht zum Grab des Vaters und studiert

seine Fotografie: »Lange sah ich in die Augen, als könnten sie mir endlich den Schlüssel zu mir geben, mir beantworten, warum ich ihn und seinesgleichen nicht annehmen konnte. Es ging aber nichts mehr von ihnen aus...« Dann entdeckt sie, daß ihre Mutter das Grab nicht mehr gepflegt hat und daß sie einen Freund in ihrer Wohnung hat und daß sie lacht. Conni: »Ich saß in eisiger, atemloser Stille in mir, ... und versuchte fortwährend, die Bilder, die ich vor mir hatte, und die wechselnden Bilder meiner Mutter in Einklang zu bringen... und ohne daß ich mich wehren konnte, begann ich zu weinen.«

H: Ich wollte damit die Sinnlosigkeit der ganzen Jagd ausdrücken: Das ganze Leben ist unverändert geblieben und wurde dann doch unter diesem Druck so schnell verändert. Diese Erfahrung, daß die Mutter einzig und allein, weil der Vater nicht mehr da ist, in ein anderes Leben eintaucht, hat ihre Reaktion ausgelöst. Noch unterstützt durch ihre eigene Ruhelosigkeit, ihren eigenen Schmerz. Es ist ein Weinen aus dem Nichts heraus, so sinnlos wie der Tod, der eine Zäsur setzt, die man schon längst hätte ins Leben hinüberretten müssen. Es ist aber auch etwas von Scheelheit, von Beschuldigung und leichtem Haß darin.

M: Sie kommen dann im Buch darauf zurück. Sie sagen nämlich, daß Conni klarwird, warum sie Sehnsucht nach den alten Schmerzen verspürt: »weil der bekannte Schmerz leichter zu ertragen war, als die Wiederholung aus mir herauszuschütten und mich zu erneuern«. Dieses Festhalten am bekannten, weil vertrauten Unglück – für uns Psychotherapeuten ist dies eine Form des sogenannten Widerstands – galt das nur für Conni oder auch für Sie?

H: Inzwischen gilt das auch für mich. Diese Art Widerstand hat sich für mich vollkommen aufgelöst, und an diese Stelle ist ein punktuelles Wachsein auf die einzelne Situation getreten. Kein allgemeines Sich-rächen-Wollen z. B., Conni kommt hier im Grunde genommen gerade erst bei einem möglichen Selbst an, begreift aber schon, daß dieses Selbst sie vollkommen ummodeln und -werfen wird. Das ist mir im Laufe von vielen Jahren auch geschehen. Es gibt ja so etwas wie einen Gedankenwiderstand, der nichts anderes ist als das vereiste, unzugängliche Selbst.

M: Die Abschlußszene dieses Aktes und Buches ist ein phantasievoller und inhaltsreicher Traum. Wie stehen Sie zu Ihren eigenen Träumen? Erinnern Sie welche? Ziehen Sie daraus Erkenntnisse?

H: Ich träume nur in Grenzsituationen meines Lebens, und dann sehr heftig. Ich erinnere mich, daß ich früher meinen Träumen eine größere Bedeutung zugemessen und sie aufgeschrieben habe. Dieses ist ein erfundener Traum. Ich halte von Träumen nicht furchtbar viel, aber ich habe in letzter Zeit mitunter wie in einem vorbewußten Zustand geträumt, wo ich im Traum etwas realisieren konnte, was ich im Leben nicht geschafft habe. Und das hilft mir dann.

M: Diese jetzt beschriebene Kategorie von Träumen, sind das volle Schlafträume mit absurdistischen Bildern, wo man sich z. B. als Pferd fühlen kann, oder sind das mehr realitätsnahe Träume?

H: Solche Bilder habe ich ganz selten. Es sind mehr Enge- und Angstträume, Träume von Ratlosigkeit. Im Traum spitzt sich oft auf eine atemlose Weise zu, was real schon vorhanden ist.

M: Der Traum beginnt damit, daß die Mutter Conni drängt, endlich zum Vater zu gehen, der ihr »die Stadt der Pferde« zeigen will. Sie läuft und läuft, sucht und sucht. Die Stadt der Pferde ist »von einer klinischen Reinlichkeit und technischen Perfektion, daß ich glaubte, mein Herz müßte sofort aufhören zu schlagen und ich würde an eine eiserne Lunge angeschlossen werden... (immer) gläserner und stählerner wuchsen sich die Marmor-, Zement-, Beton- und Stahlgiganten aus, die in immer höhere Höhen und tiefere Tiefen wucherten...«

Überall sind Plakate »Die Stadt der Pferde, die glückliche Stadt«. Verstehe ich Sie richtig, wenn ich dies als eine Anklage lese, Klage gegen männlich-technischen Größenwahn, welcher die Unwirtlichkeit unserer Städte bewirkt?

H: Es stellt sich hier physischer dar und ist mehr eine Vision dessen, was ist, aber auch der Angst. Hinein reicht auch die Erkenntnis, daß diese Art von sprachloser, dumpfer, lebensuntüchtiger Männlichkeit, die der Vater repräsentierte, etwas ist, was mit der Zeit der Rationalität, der Übertechnisierung gar nicht mehr im Einklang steht. Es ist auch eine Begegnung damit, wie altbacken vermännlicht und wie chauvinesque steifbeinig der Vater im Leben steht. Es begegnen sich zwei Welten: das archaisch Männliche als ein stagnativer Begriff, der die Voraussetzung für die Ratio, für die Technisierung, für diese Ordnung einer digitalen Zeit ist, und die überlebte des Vaters.

M: In einer nachtdunklen Arena, in welcher alle Straßen endeten, tritt der Vater als Bodenakrobat auf und verschlingt »implosionsartig in Sekunden seinen Körper von den Füßen, über die Beine, über den Rücken... (Es bleibt) von ihm nichts mehr übrig als ein Schweißfleck auf der Plastikdecke«. Einige brüllten »Bravo«.

H: Das ist natürlich ein sehr verschlossenes Bild, bei dem ich vorsichtig sein muß mit der Deutung. Es hat mich zutiefst erregt beim Schreiben, es ist ein Rauschbild. Ich glaube, daß dieses selbstverzehrende Moment des Mannes sehr vorrangig ist. In diesem Selbstfraß sind ja zwei Bilder enthalten: einmal, daß der Mann von der eigenen Erfindung abgelöst, verschlungen wird, und zum anderen die Angst, von der Frau verschlungen zu werden, was dagegen hochlächerlich ist. Ort der Handlung ist gewissermaßen ein Zirkus Sarrasani, in dem noch einmal eine Sensation aus der Altwelt aufgeführt wird, während die Technik ja ganz unsichtbar verschlingt. Ich wollte das Selbstverzehren bei lebendigem Leib darstellen. Für mich ist das Drama auch darin enthalten, daß der Schmerz in gar keiner Weise in der Erlösung der Welt eine Erklärung finden kann. Alles bleibt sinnlos.

M: Ich habe das anders verstanden, nämlich als zwiespältige Überhöhung von Vaters Tod, der schon passiert ist. Dieser ist nicht ein kläglich-hilflos-zorniges Verrecken. Vater nimmt seinen Tod in die eigene Hand, gestaltet ihn elegant und kunstvoll und vor großem Publikum.

H: Eine tolle Deutung.

M: Aber es ist zwiespältig, weil der Akrobat nicht die Krone des Künstlertums vertritt.

H: Nein, es bleibt ja auch nichts übrig als ein Schweißfleck. Es bleibt von der letzten, ganzkörperhaften Bemühung nicht mal Sperma, sondern nur ein Schweißfleck. Ihren Gedanken finde ich sehr spannend, und vielleicht war es der unbewußte Antrieb, den Vater sich selbst aus dieser kläglichen Sterbenssituation befreien zu lassen. Aber ich denke doch, daß es ein politischeres Bild ist, mit dem ich später gehadert habe. Und deswegen glaube ich nicht, daß das erste Motiv mein Schreibanlaß war.

M: Ricarda Schmidt, eine Ihrer Rezensentinnen, hat diese Szene radikal anders verstanden: »Die Selbstvernichtung des Vaters, die Auslöschung der eigenen Person veranschaulicht, was gesamtgesellschaftlich möglich ist: Männer haben ihre Energie in eine Wissenschaft und Technik gesetzt, mit der sie so viel Kriegsmaterial entwickelt haben, daß die ganze Menschheit gleich mehrfach ausgelöscht werden könnte – um den Frieden zu sichern.« Da Ihr zweites Buch von der atomaren Bedrohung handelt, ist dies nicht unplausibel. Haben Sie dies mit Ihrem Traumbild symbolisieren wollen?

H: Die politische Dimension, die hier anklingt, ist der Beginn meiner politischen Sicht überhaupt. So gesehen ist es eine Befreiung aus der poetischen Fesselung und deutet hin auf eine von der Individualität sich entfernende Sicht zu einer politischeren.

M: Connis Traum geht dann weiter. Sie flieht aus der Stadt und kommt zu einem Haus, in dem ihre Mutter wütet und kraftvoll tobt. Rundherum brennt es. Die Mutter geht nicht auf Conni ein, sondern schickt sie zum Vater, den sie als Größenwahnsinnigen abwertet: »... da drinnen sitzt er, seine Weltkugel zwischen den Beinen, mit den Kolonien im Kopf und im Herzen ... spielt Ameisenherrscher und trauert vor sich hin, weil die Stadt solche Pferde wie ihn nicht braucht.« Die Mutter ist eine andere geworden. Conni sagt: »Legte sie nicht gerade das ganze Land der Vergangenheit vor mir ab und erklärte mir damit, warum sie sein Grab vergessen hatte.« Es sieht so aus, als ob sich die Mutter nach Vaters Tod aus seiner sadistischen Herrschaft befreit und zu einer selbständigen Frau wird. Oder sehe ich das zu positiv?

H: Im Text selbst findet dieser Schock von zwei Welten ganz stark Ausdruck. Die Veränderung der Mutter ist genauso unglaubwürdig und genauso heftig, wie die Zeiten sich plötzlich wiederum feindlich gegenüberstehen. Das meinte ich, als ich davon sprach, daß die Stadt dieses selbstfressende Element zeigt, während er sich immer noch in der alten Welt und als Ameisenherrscher fühlt. Da wird es ja ganz deutlich. Es sind unvereinbare Bilder. Das weiße Töten ohne Blut.

M: Conni findet den Vater, unverständlich brabbelnd und leicht verwahrlost. Er ist unzugänglich, kann sich nur noch sich selbst und seiner eigenen Geschichte zuwenden. Es heißt, er »besah brabbelnd die Bilder, die ihn in den verschiedenen Altersstufen in einer immer prächtigeren Uniform und mit immer mehr Orden abbildeten«. Danach »begoß (er) bedächtig ... seine eigenen kahlrasierten Köpfe, die fein säuberlich und Kopf an Kopf aufgereiht in einem Holzblumenkasten angepflanzt waren und ihn von der Jugend bis ins Alter noch einmal zeigten«. Der Traum und das Buch enden damit, daß der Vater Conni ruft, und sie erwacht. Mir fällt auf, daß im ganzen dritten Akt von Geschlecht nicht mehr die Rede ist, statt dessen von Schmerz und Sehnsucht und dem tiefen Wunsch, als Subjekt, also im eigenen Sosein, unverstellt gesehen und angenommen, am liebsten geliebt zu werden.

H: Ich denke, erst mal erkannt zu werden. Es kommt ja ganz deutlich der Satz: »Er konnte mich nicht erkennen.« Das Geschlecht wird hier immer unwichtiger im Verhältnis zu der Dramatik und der Trauer des Sich-selbst-lebenden-Lebens, dieses fraßhaften Lebens, das keine Person verwandeln könnte. Von daher auch das Bild mit dem Vater, der nicht weiß, was er tut, der an seine eigene Weltgeschichte gefesselt ist, an der er nur durch seine Klonungen teilhatte. Der Vater ist auch dadurch, daß er das Menschwerden verabscheut, ein Abgespaltener von den vielen, die alle gleich sind. Dieses nichtbegriffene Selbst ist ein Klonungsakt, eine antimenschliche Scheußlichkeit. Dadurch geht die Dramatik weit über das Geschlechtliche hinaus.

M: In dieser letzten Szene ist der Vater voll entwertet als autistischer, egoistischer, kleinkarierter Größenwahnsinniger. Wenn ich diesen dritten Akt samt Traum zusammenschaue, scheint die Botschaft Ihres Buches zu lauten: Wer Frau und/oder Tochter eines solchen Mannes ist, kann sich erst nach seinem Tod emanzipieren – auch das unberührbare Geschlecht der Gedanken hilft nicht. Aber so werden Sie es nicht gemeint haben?

H: Nein. Es ist ja eine Verwandlung, und in dem Brief an die Mutter, der in der ersten Ausgabe noch abgedruckt war und erst später weggelassen wurde, wird diese Hinwendung zum Menschen noch ganz offen beschrieben.

M: Den kenne ich nicht.

H: Der Verlag legte damals Wert auf eine authentische Nachricht an die Mutter. Das hat mich selbst etwas peinsam berührt, aber mein Glück darüber, endlich verlegt zu werden, war ausschlaggebend, daß ich auf so einen kleinen Schlenker eingegangen bin. Aber er war natürlich eine Mißgeburt und hat das Buch aus dem Gleichgewicht gebracht. Im Grunde genommen sollte der Schluß des Romanes das Schauerliche dieses Lebens in einem letzten dramatischen Akt noch einmal vorführen. Man könnte sogar sagen, nachdem Conni versucht hat, durch Verschärfung jeder Situation die Menschen an ihren Ertragensendpunkt zu bringen, macht sie zum Schluß etwas ganz Gigantisches, beinahe etwas Heroisches. Sie sagt: Die Wahrheit ist unannehmbar schrecklich, aber sie muß angenommen werden.

M: Sie haben erzählt, daß Ihr Vater lange vor Ihrer Mutter gestorben ist. Hat das Ihre Mutter verändert?

H: Nein, gar nicht. Meine Mutter lebte schon ziemlich lange getrennt von ihm in Hamburg, und durch den Tod meines Vaters wurde ja die unentschuldbare Veruntreuung der ganzen Firma, an der auch die Kinder hingen, offensichtlich. Das Desaster ihres früheren Lebens wurde meiner Mutter darüber erst richtig deutlich und hinterließ eine unüberwindbare Trauer in ihr. Für sie gab es keinen Lebensaufschwung mehr.

M: Es war eine nachträgliche Abwertung des Vaters?

H: Es war eher eine Abwertung ihres Tuns daran. Wir haben uns oft darüber unterhalten. In meinem Vater begegnete mir auch, womit ich mein ganzes Leben hadere, die Unerlöstheit des Mannes. Diese beiden Bilder, die sich immer wieder so falsch beliefern, daß es einem wirklichen Erkennen nicht gleichkommt. Der eine wird als der Große und der Mächtige beschrieben, ohne die Ratlosigkeit, die Abhängigkeit, die Verletzbarkeit zu sehen, es wird nur das Durchsetzen gesehen, bei dem er auf der Strecke blieb. Eine wirkliche Verarbeitung konnte bei meiner Mutter nicht mehr stattfinden, weil ihr Leben schon zu viele schlechte soziale Zeichnungen bekommen hatte. Sie war z. B. später gezwungen, mit ganz wenig Geld auszukommen. Es hat keine Befreiung gegeben, denn dann hätte sie sich auch von dem Mann trennen müssen, mit dem sie dann zusammen war. Die beiden haben sich auf eine andere Weise eingeschlossen – in die Liebe, das war auch nicht besser. Mein Stiefvater ist eineinhalb Jahre nach ihr gestorben. Insofern habe ich eine ähnliche Dramatik in der umgekehrten Form, in der auflösenden Berührung gesehen.

M: Schon in Ihrem Erstling zeigen Sie eine große stilistische Sicherheit und Meisterschaft. Was haben Sie an vorausgegangenen Fingerübungen gemacht?

H: Als das Schreiben mich überfiel, mein ganzes Leben über den Haufen warf, habe ich als allererstes erkannt, daß alles, was in mir spricht, ununterbrochen herumläuft, heraus will und klopft, daß ich kein Werkzeug dafür habe, es auszudrücken. Die ersten Jahre des Schreibens waren grauenhaft. Es war immer wieder der Versuch, einer gewissen Art von Geschmeidigkeit, die ich im Sprechen wohl besaß, Ausdruck zu geben. Ich habe mir in den ersten Jahren, nachdem ich meine Firma aufgelöst hatte, einen Imbiß gekauft und verkaufte Würstchen. Ich verkehrte mit den entsetzlichsten Menschen, bin mehrmals überfallen und ausgeraubt worden, habe nur gelesen. Ich habe vier Jahre Tag und Nacht autodidaktisch gearbeitet. Es gibt wohl kaum ein wichtiges Buch der Weltliteratur, das ich nicht verschlungen hätte. In diesen literarischen Leben habe ich gelebt, sie waren Rettung, Tröstung, Dialog und Sexualisierung des Geistes, alles für mich.

M: Von welcher Lebensphase genau sprechen Sie jetzt? Anders gefragt, wie alt waren Sie, als Sie nach Hamburg kamen.

H: Siebzehn.

M: Und dann passiert die Geschichte, die Sie vielen Interviewern erzählt haben, daß Sie am Winterhuder Marktplatz die Koffer schleppten, um die Vertreterinnenstelle zu kriegen.

H: Vertreterinnen gab es nicht, außer für Kosmetik und Kochtöpfe. Mit zähem Ringen bekam ich diesen Vertreterposten. Ich denke, ich war eine hervorragende Verkäuferin, habe mich stets weitergebildet, um endlich eine selbständige Handelsvertreterin werden zu können. Später wollte ich noch freier sein, stellte mich zwei Jahre auf Hamburger Wochenmärkte, verdiente mir dort das Geld, um letztlich einen Großhandel mit fünf Einzelhandelsgeschäften aufzubauen. Ich habe im letzten Jahr, bevor ich mit dem Schreiben begann, insgesamt wohl eine Million Umsatz gemacht.

M: Was war das für ein Großhandel?

H: Das möchte ich lieber nicht sagen. Es fühlt sich weich an. Fast durchgängig hatte ich so fünfzehn Angestellte und Reisende, damals habe ich lustvoll erfahren, wie es ist, Kompetenz und Macht und Geld zu besitzen.

M: Sie waren eine selbständige Unternehmerin.

H: Ja – und die Schreibleidenschaft löste alles auf. Restlos. Vielleicht war »Die Möwe« von Tschechow schuld. Immer wieder suchte ich nach dem Rätsel, das mein ganzes Leben in Stücke riß. Vielleicht war ich gezwungen, die Qualen und Widersprüche meines Zentrums zu fliehen. Mein Zorn, meine Ambivalenzen, auch meine Lebensverliebtheit hätten mich überflutet und ertränkt. Ich floh den Brennpunkt – so weit wie möglich. Meine Stillung war aber immer schon das unaufhörliche Beobachten, Fragen und Sehen. Diese Überfüllung muß einen Verdrängungsakt allergrößten Ausmaßes bewirkt haben. Meine sensible, erschütterbare und zitternde andere Seite kehrte zurück – und nahm Rache. Ich konnte nicht anders, als alles aufzugeben. Schrecklicherweise war mein Ende eine der größten Pleiten in Hamburg zu der damaligen Zeit. Wie betäubt bin ich zunächst erst einmal herumgezogen – quer durch Deutschland. Arbeitete und soff, habe auf Zeltplätzen Massagegeräte verkauft, Zirkusanteile von Haus zu Haus, Whisky in Großmärkten und Dampfstrahlbügeleisen an unkundige Hausfrauen. Ich war arm, verloren, sehnsüchtig und wutschnaubend. Diese Ausgesetztheit zwang mich, zu mir selbst durchzustoßen. Ich war so isoliert, daß ich dachte, ich verlerne das Sprechen. Tag und Nacht schulte ich meinen Geist und die inneren Schreibwerkzeuge. Es entstand mein erster Roman: »Ich und«. Ein Dreihundert-Seiten-Monstrum, das verlegt werden sollte. Mein Konkurs brach allerdings so heftig in den Verlag mit Pfändungen und Schuldforderungen ein, daß mir nahegelegt wurde, obwohl ich schon Vorschuß bekommen hatte, das Manuskript zurückzuziehen. Heute bin ich froh darüber. Danach fiel ich wieder zurück in die Einsamkeit, Geldnot und in das Ringen um Worte und Ausdrucksfähigkeit. Vier bis fünf Jahre tauchte ich unter in die wundersamen Ablagerungen der Kunst. Das war mein Leben und mein Alles. In diese Zeit fiel auch das Schreiben meines Romanes »Das Geschlecht der Gedanken«.

M: Nachdem, was ich gelesen habe, fielen das Schreiben des Romanes und der Beginn des Studiums in eins.

H: Der Roman war schon fertig, als ich anfing zu studieren.

M: Sie haben ihn 1971 geschrieben und haben in dem Jahr auch mit dem Studium der Sozialpädagogik und der Literaturwissenschaften begonnen.

H: Aber ich habe mit dem Roman schon gearbeitet. Es war so: Es gab über 680 Bewerbungen um einen Studienplatz. Da habe ich den Text eingeschickt und bin durch ihn unter die ersten 120 Bewerber gerutscht. Deswegen weiß ich so genau, daß er fertig war. Er schenkte mir zehn Jahre lang Beweiskraft für meine Begabung. Jahrelang habe ich nur geputzt und die schauerlichsten Möglichkeiten zum Geldverdienen genutzt. Meinen Imbiß konnte ich nicht mehr halten, er brachte mir mehr Erschütterung als Lebenshilfe. Und als 1978 mein Roman ein so überraschender Erfolg wurde, bekam ich zu guter Letzt auch noch eine Herzneurose. Mit all den Kämpfen konnte ich umgehen, nur nicht mit dem Erfolg.

M: Sie waren durchs Ziel gelaufen. – Was heißt für Sie eigentlich Erfolg in Zahlen?

H: Zahlen waren für mich weniger wichtig als der Erfolg bei der Kritik. »Das Geschlecht der Gedanken« war eines der meistbesprochenen Bücher von 1978. Und in allen Zeitungen, von denen ich immer geträumt hatte, wenn ich so vor mich hingärte, ist das Buch besprochen worden. Das war es, die Zahlen waren uninteressant. Ich war angekommen in der Seligkeit des Wunsches, in der Literatur.

M: Das Buch ist dann verfilmt worden und bekam den Titel »Josefs Tochter«. Er wurde zum Filmfest in München im Juni 1983 uraufgeführt. Ist er je in die Kinos gekommen?

H: Ich kann nur sagen, daß er kaum in die Kinos gekommen ist, habe ich immer als Glück empfunden, denn dieser Film birgt ein entblößendes Resultat falscher Filmförderung: Ein unbegabter Regisseur, der bisher nur Kinder- und Jugendfilme gemacht hatte, wurde finanziell primär von einem Jugendfilmfonds unterstützt, d. h. der Stoff mußte vergewaltigt werden. Er hieß dann »Ich bin dreizehn und reiß aus« und hatte überhaupt die lächerlichsten Titel, je nachdem, wo der Film gezeigt werden sollte. Ich habe einen Prozeß geführt, weil ich nicht wollte, daß der Film in die Kinos kommt. Daraufhin wurde er nur im Fernsehen gezeigt und hat manche Sommerlöcher gefüllt. Ich habe ihn einmal widerwillig gesehen.

M: Ich habe mich gewundert, denn es ist ja schlechtes Marketing, einer Buchverfilmung nicht den Titel des Buches zu belassen, es sei denn, man hat einen deutlich zügigeren. Das ist bei »Josefs Tochter« nicht der Fall.

H: Ich denke, daß er die Untiefe seines Stoffes damit kaschieren wollte, daß er gleich zu einem biblischen Titel überging. Aber auch das hat nicht geholfen. Der Film war seicht und blöd. Conni hat sich zu Tode geplappert in diesem Film, und in dem Buch spricht sie – glaube ich – drei authentische Sätze.

M: Sie haben in den Jahren, in denen Sie studiert haben, auch Texte verfaßt, so z. B. ein Hörfunkfeature über die Inszenierung von Maria Magdalena am Hamburger Schauspielhaus, und Sie haben eine Schallplatte gemacht »Brokdorf – eine Vision«. Was mögen Sie uns über diesen Lebensabschnitt berichten?

H: Meine Verzückung zum Schreiben kam ja vom Theater. Ich war damals mit einem Theatermenschen befreundet, der sicher nicht ganz unschuldig an der Entwicklung war.

M: Noch vor Ihrem Schreiben?

H: Ein paar Monate davor. Einige Jahre schlich und arbeitete ich mich in Theater hinein. Ich durfte die ersten wunderbaren Inszenierungen von Jürgen Flimm miterleben. Damals faszinierte und zog Theater mich so an, daß ich viele Theater und Theaterleute kennenlernte und bei ihnen mitarbeiten durfte, natürlich kostenlos. Mehrere Theaterstücke sind entstanden, die leider glücklos blieben.

M: So trifft meine Perzeption zu, daß das »Geschlecht der Gedanken« Theaterstruktur trägt?

H: Ja, meine Leidenschaft sind Film und Theater, und ich denke, das schlägt sich auch in einer bildhaften Sprache nieder.

M: Und auch, daß Sie, für meinen Geschmack, oft eine zu pathetische Sprache haben.

H: Das ist eine Neigung. Ich denke, das hat etwas mit meiner weiblichen Geschichte zu tun, mit meiner gestauten Überfülle und dem Gefühl, nicht genug Zeit zu haben. Die gelassene Neugier darauf, was eine Autorin ist und was sie zu diesem und jenem Thema zu sagen hat, ist gar nicht gegeben. Es ist ein ständiges, atemloses Stoffloswerden. Und aus all diesem mag so etwas wie ein Überborden der Sprache entstehen. Außerdem finde ich, daß die grassierende coolness dazu neigt, eher eine Sprachdürre vorzuziehen, eine Art Under-Pathos. Die Deutschen mögen auch rechtens ein gestörtes Verhältnis zu großen Gefühlen haben.

M: 1978 erscheint Ihr Theaterstück »Unterwegs«, eine kritische Auseinandersetzung, ja Abrechnung mit der progressiven Variante der Wohngemeinschaft, derjenigen, die auf Bewußtmachung und Selbstentfaltung durch Gruppendynamik zielt. Triebkraft dieser Abrechnung ist Anja, die sich entschlossen hat, die WG zu verlassen. Sie sagt: »Liebst du Bernd, liebst du uns, liebst du Menschen eigentlich überhaupt?... Ich meine nur, daß die Welt nicht zu verändern ist, wenn man sie nicht liebt.« Ist das auch ein Schlüsselsatz für Sie?

H: Dieser Satz steckt so natürlich in mir, daß ich ihn nicht als Schlüsselsatz bezeichnen würde. Ich lebe um ihn herum. Ich habe begriffen, daß mein individuelles Leiden nicht so interessant ist, daß ich mich darüber ein ganzes Leben beugen könnte, über diesen Waschtrog des eigenen Entsetzens. Ich hatte mich allmählich, ich bin ja Spätzünderin, dem Linken und dem Marxismus zugeneigt, wo ich dann die zweite Enttäuschung erfahren habe, nämlich eine erneute Einengung, nur mit anderen Vorzeichen.

M: Dazu paßt mein anderes Zitat, was ich aus Ihrem Stück gepflückt habe: Von sich selbst sagt Anja: »Wir sind bis in die Träume hinein vollgestopft mit dem richtigen Bewußtsein... Aber was tun wir wirklich? ...es ist traurig, in mir ist entweder zuwenig Mensch oder zuviel Theorie.«

H: Das ist meine Erfahrung gewesen, und das hatte auch die Abwendung zur Folge.

M: Es geht also um die Abrechnung mit der »Verkopftheit« der »Quasselrevolutionäre«, und es ist ganz folgerichtig, daß eine Frau diese aufnimmt und führt.

H: Man könnte auch sagen, es ist die Geburt der Erkenntnis, daß das Gute darin liegt, daß man es tut. Die WG zerbricht konsequenterweise mit Anjas Weggang. – Dieses Theaterstück trägt natürlich meine Verliebtheit in Tschechow ganz deutlich. Deswegen wurde es als ein Theaterstück abgewertet: Es wurde zuviel gesprochen, und ich habe darüber die Bilder vergessen.

M: Auch der Titel Ihres zweiten Buches, »Mit meinem Mörder Zeit bin ich allein«, macht neugierig und birgt Rätsel, denn es handelt von Ihrer existentiellen Erschütterung durch den Reaktorunfall in Harrisburg. Als Arzt denke ich beim Stichwort »Mörder Zeit« an etwas völlig anderes, nämlich an das biologische Altern zum Tode, welches alle Mehrzeller trifft. Wir verschleißen unsere Zellen im und durch Leben, und mit der Zeit (nicht durch diese!) verstopft oder platzt ein Gefäß, versagen Herz oder Niere oder Leber, und wir werden »gemordet«. Wie wird bei Ihnen die atomare Gefahr zum »Mörder Zeit«?

H: Erst mal muß ich sagen, daß es ein Zitat aus einem Gedicht von Ingeborg Bachmann ist, ein sehr aufwühlendes Gedicht, und ich habe diese Zeile mehr als poetisches Fangnetz benutzt, sie sagt wenig über das Buch aus. Ich glaube, daß Harrisburg mich deswegen so schockiert hat, weil es nach dem Krieg passiert ist, nach der Ermordung der Juden, nach dieser Schuld, die noch nicht mal zur Bearbeitung bereitstand, daß nach all dem vor unseren Augen ein blutloser Massenmord angeregt wurde. In »Brokdorf – eine Vision« gibt es schon den Satz: »Später zerfetzen einige Düsenjäger die Luft in diesige Streifen, aber noch ist kein Flugzeug in ein Atomkraftwerk gestürzt!« Damals war das noch kein Thema, daß wir das, was wir erfinden, nicht beherrschbar machen können und es dennoch erfinden. Der Roman versucht, ein Bewußtsein zu schaffen dafür, daß die Antiquiertheit im Fühlen und Denken zum Mörder wird.

M: »Mit meinem Mörder Zeit bin ich allein« denunziert die Kriegslust der Männer: »Ach – Mann, wie graut mir vor dir! Mit jeder Platzpatrone, mit jedem Polizeiknüppel, mit jedem atomaren Sprengkopf, mit jeder Erfindung, die den Irrsinn irrsinniger macht, wirst du ein wenig männlicher und militärischer, so ganz verborgen hinter dem Rücken des ›Friedens‹... Radio- und Fernsehsendungen marschieren im aggressiven männlichen Verteidigungston. Pausenlos wird unser Leben von Politik durchsetzt... Das ganze Land steckt in einer Generalsuniform, und das Bewußtsein für das ewig Militärische wird in die Keimzelle aller Zellen gesät: in die Familie, in den Unterricht... Ja mir graut vor dir!« Und in einer anderen Sequenz sagen Sie: »Wie danke ich dir, du unmenschlicher Mann auf Erden, daß du mir erst Jahrtausende verspätet die Möglichkeit geschenkt hast, mich aus meinem Nichtvorhandensein wie ein Maulwurf in dein Leben hochzuarbeiten, jetzt bin ich oben, und schon bürdest du mir deinen Untergang ins Dasein.« Und schließlich auch: »Bald kommt jeder männliche Säugling mit einer Offiziersmütze auf die Welt – und die Natur wird so lange mit Gift gedüngt, bis sie in einer Tarnfarbe heranwächst.« Ist das Ihre unverträgliche Erkenntnis und feste Überzeugung, daß Mann = unheilbarer Militarist und daß dieser männliche Militarismus sich unaufhaltsam steigert und ausbreitet?

H: Ich würde heute von Männlichkeiten sprechen und das Wort Mann weglassen, aber unter der Einwirkung des Schocks und der bebenden Wut ist eine für mich notwendige Verallgemeinerung und ein Rundumschlag entstanden. Ich habe gedacht, der Rundumschlag durch Harrisburg ist erlaubt, den nehmen wir hin, ich erlaube mir meinen. Was ich da beschreibe als eine nicht zumutbare Zumutung, das erlebt die heutige Generation, die so resistiert und gar nicht weiß, wogegen sie aufbegehrt, daß nämlich ihre Zukunft in eine vollkommene Nicht-Zukunft verwandelt wird vor ihren Augen. Ihre Art von falscher Rebellion zeigt ja genau das, was ich hier ausspreche. Ich erinnere mich übrigens noch gut an die Jahre, wo sich die beiden Machtblöcke unversöhnlich gegenüberstanden. Damals hatte ich das Gefühl, daß diese militärischen Drohgebärden die Atomkraftwerke abschirmen und unsichtbar machen sollten. Heute tritt das Militärische eher in den Hintergrund und ist einem permanent vorhandenen Gewaltpotential gewichen. Das hat sich sehr stark verändert.

M: In einem Interview zu diesem Buch werden Sie noch einen Grad radikaler und sagen: »Männer sind Mörder, weswegen ich solche nicht lieben kann.«

H: So habe ich es sicher nicht gesagt. Ich denke, daß ich gesagt habe, die Möglichkeit, ununterbrochen, auch noch gesellschaftlich gestützt, zum Gewalttäter zu werden, macht mir die Liebe unmöglich. Unsere Gesellschaft ist eine vergewaltigungsfreundliche Gesellschaft. Die Gewalthaltung und -mutierung ist in allen Gesellschaftszweigen, auch in der Kultur, anwesend, ohne daß wir es wahrnehmen.

M: Eine Rezensentin kritisiert und lobt »Mörder Zeit«: »Für meinen Anspruch ist es zu salbungsvoll in der Sprache, es passiert zuwenig und strotzt von Wiederholungen. Aber es ist eines der wichtigsten Bücher dieser Zeit und ein einzigartiges Dokument über einen Zustand, den ich bisher zu fühlen vermeide.« Sie werden im Stil kritisiert, aber nicht im Anliegen.

H: Ich habe mich schwergetan mit diesem Buch, u. a. auch deswegen, weil mir bewußt war, daß ich mich an eine Haltung herangelebt habe, die überhaupt keine Vorbilder besitzt. Es ist ein exorbitant einmaliger Zustand der schleichenden Vernichtungsmöglichkeit, die für mich keine Sprachvorboten besaß, keine Möglichkeit des literarischen Ausdrucks, außer vielleicht ein paar zynische Gedichte. Mir war schon beim Schreiben bewußt, daß ich Fehler machen muß, aber die habe ich in Kauf genommen. Der »Spiegel« hat damals sinngemäß geschrieben: Aber immer nimmt sie die niemals ausgedrückten Leiden einzigartig auf den Leib.

M: Meine Kritik ist eine strategische und als solche noch radikaler: Zwar ist die Gefahr eines Atomkriegs nach wie vor gegeben, aber nicht weil die männlichen Säuglinge bald alle mit Offiziersmützen auf die Welt kommen, sondern weil nationalistische und/oder fundamentalistische Diktatoren Atombomben entwickeln oder kaufen könnten, um im heiligen Krieg ihre Feinde zu vernichten, oder Mafiosi, um Regierungen zu erpressen.

H: Das ist ja letztlich nur eine Verschiebung von einer Entsetzlichkeit in die andere. Dieser Gruppenwahn, von dem Sie sprechen, bedroht erst seit einigen Jahren. Heute müßte ich natürlich das Buch vollkommen anders schreiben, auch das Gesicht des Verbrechens unterliegt Moden. Selbst nach Tschernobyl war schon ganz anders zu schreiben. Aber so war es nicht, als ich »Mörder Zeit« geschrieben habe.

M: Damit geht meine Kritik ein bißchen ins Leere, die lautete nämlich, ob Sie nicht Ihr Anliegen selbst sabotieren durch Pauschalisierung und Übertreibungen und durch Fokussierung auf Ihr einziges Feindbild Mann.

H: Ich glaube nicht, daß ich den Mann als mörderisches Wesen beschreibe und anklage, sondern als ein veränderungsunwilliges. Das ist gleichzeitig ein, wenn auch lächerlicher, Aufruf dagegen. Und Pauschalisierung ist ja nicht gegeben, weil ich es an meinem eigenen Körper, an meinem eigenen Schmerz festmache. Meine Ratlosigkeit klingt natürlich in jedem Satz mit und wird auch in dem Brief an meine Schwester, der authentisch ist, deutlich. In dem steht, daß alles, was ich sage, nur falsch und einseitig sein kann, wobei natürlich Harrisburg das einseitigste Erlebnis überhaupt ist, was man sich denken kann. Es war übrigens noch eine Zeit – das mag auch mit eingewirkt haben –, in der die Frauenbewegung noch verhältnismäßig kräftig war, wo die Feinde deutlicher benannt werden durften. Heute wird ja nichts mehr klar benannt. Dieses Buch sollte ursprünglich »Anrufung« heißen, was es insgesamt auch ist, und das schließt Pathetik mit ein.

M: Es ist mir nicht gelungen festzustellen, ob Sie Ihr Theaterstück »Männerdämmerung» abgeschlossen haben. Ist es bereits als Gesamt erschienen?

H: Ja, beim Theaterverlag Hartmann in Köln, und es ist nicht nur aufgeführt worden, sondern hat sogar einen Preis bekommen, vom Pathos-Transport-Theater in München, ein avantgardistisches, radikales kleines Theater. Es war eine ganz hervorragende Inszenierung, ist zur Aufführung des Monats gewählt worden, aber das hat nicht sehr viel bewirkt. Es ist bis heute erst zweimal gespielt worden.

M: Dieses Werk scheint mir wichtig, weil Sie darin die antiweibliche Stoßrichtung der Orestie-Trilogie von Aischylos in eine antimännliche umkehren und dabei Ihr Thema »Feindbild Mann« im Stil und in der Diktion dieser antiken Dramen präsentieren.

H: Ich knüpfe daran an. Was mich an dem Stück so gefesselt hat, ist, daß ein rasender Mann gezeigt werden kann, der in seinem eigenen Schicksal herumwühlt und rennt. Der Verlust des eigenen Schicksals ist ja der gravierendste Verlust, den wir überhaupt erleiden können, und deswegen heißt der Mann Gregor, nach Kafkas »Die Verwandlung«. Und die Hauptperson heißt Lotte, nach Botho Strauß, als Anspielung an gesellschaftskritische Stücke, während ich es ganz ins Alte verlagert habe: die Sprache als Waffe und auch als verkehrtes Werkzeug. Und ein rasender Orest, was übrigens ein Grund dafür ist, daß das Stück nicht aufgeführt wird. Es gibt offensichtlich keinen Schauspieler, der diesen Mann spielen will, weil er weint, brüllt, rast und leidet.

M: Das müßte doch was für Wildgruber sein, aber Sie haben recht, es gibt wenige Schauspieler, die sich das noch getrauen.

H: Ich habe natürlich an Fassbinder-Schauspieler gedacht, denn Fassbinder erlaubte sich auch hohe Töne des Schmerzes für die Männer. Ein Mord war nicht nur die Tat, sondern barg auch einen Anlaß. Das Stück müßte wie eine Alptraumnacht inszeniert werden. Es hat mir unglaubliches Vergnügen bereitet, dieses Stück zu schreiben. Anderen bereitet es offensichtlich weniger. Nächstes Jahr soll es in Luzern aufgeführt werden. Die Intendantin ist ganz begeistert und findet, daß jetzt erst die Zeit reif dafür ist. Manchmal denke ich auch, daß die Zeit noch kommt, wo man über die Unverschämtheit, mit der ich die Versatzstücke der Fatalemanzipation mißbrauche, lachen kann. Es ist ein durch und durch hinterhältig komisches Stück.

M: So komisch hat es auf mich nicht gewirkt.

H: Na sagen wir: tragikomisch! Aber wenn man an das Stück auch nur mit den letzten Resten eines eigenen Beleidigtseins herangeht, kann man es nicht inszenieren.

M: Ein ganz anderes Thema. Ich hatte große Schwierigkeiten, Ihre Verwendung des Begriffs »Lüge« zu verstehen. In Ihrer Rede »Männlich schreiben – Weiblich schreiben« heißt es: »Am Anfang war die Lüge, dann kam das Wort«, was Sie – als wär's ein Leitmotiv – fünfmal wiederholen. Für mich sind Lüge und Wort keine Alternative, meistens lügen wir mit Worten und nur gelegentlich mit Gesten oder Handlungen. Wie sollen wir Ihren Satz verstehen?

H: Der Beginn der Lüge ist für mich die Bibel, und ich benutze die Bibel, weil sie mehr oder weniger geschrieben ist, um zu erziehen.

M: Falsch zu erziehen.

H: Ja. Die Bibel ist das Primärbuch des Patriarchats. Im Sinne eines mächtigen Gedankens, eines männlichen Ein-Gottes, was jetzt im Fundamentalismus auf schrecklichste Weise wiederkehrt. Das hätte man nicht geglaubt, daß diese Ein-Gott-Fatalität noch einmal so zurückkehrt.

M: Das, fürchte ich allerdings, wird dem durchschnittlichen Zuhörer, so wie mir, entgangen sein.

H: Ganz sicher. Meine Texte arbeiten alle mit Anspielungen, überall lugt andere Literatur hervor. Ich weiß, daß das oft gar nicht erkannt werden kann, ich liebe es dennoch.

M: Der Begriff »Lüge« kommt auch in mehreren Geschichten des Buches »Alles ist Körper« vor, das 1991 erschienen ist. In der allerersten Erzählung über eine Fettsüchtige heißt es: »Alle lügen. Jeder Mann, jede Frau, jedes Kind. Alle lügen, nur meine Spiegel nicht und meine Waage... Sie lügen, indem sie mich anschauen. Sie schauen mich an, als sei ich da, aber da ist nur meine Dicke. Ich bin nicht da, wo sie hinreden und meine Dicke meinen. Nichts anderes. Ich rede nur mit mir, um nicht zu lügen, nur wenn ich mit mir rede, weiß ich, daß es aus mir kommt.« Mit ein bißchen Gedankenakrobatik glaube ich Sie verstehen zu können: Die Icherzählerin hat ein doppeltes Bewußtsein ihres Selbst. Einerseits ist sie nur ihre Dicke, andererseits ist sie ein Mensch jenseits ihrer Dicke, ein Subjekt, dessen sie sich aber nur sicher ist, wenn sie mit sich selber spricht. Von ihren Nächsten als Subjekt angesprochen, fühlt sie sich verkannt, diese anderen lügen. Ist das so?

H: Es ist so, daß sie gar nicht dick ist, sondern sich dick fühlt. Das ist ja bei den meisten Mager- und Freßsüchtigen so, die sind meist nicht dick, deswegen erkennt man sie nicht, aber sie leiden unter der Einbildung, dick zu sein, und wollen sich immer weiter herunterhungern. Das ist hier die Lüge. Die anderen lügen nicht. Sie sagen nicht, du bist fett, sondern sie sagen, nur ein Stückchen, nur ein Schlückchen, nur kosten und probieren, oder sie sagen, du bist schlank und schön, probier's doch. Und sie weiß, daß sie lügen, denn sie ist in ihrem inneren Bild eingeschlossen.

M: So ist das zu verstehen. Das wird allerdings nicht deutlich.

H: Aber die wirklich Leidenden verstehen das sofort. Ich habe kürzlich den Text vorgelesen, und da kam ein ganz junges schlankes Mädchen auf mich zu und fing sofort an zu weinen. Sie sagte: Ich bin gekommen, weil ich das Buch schon vorher gelesen habe, und es trifft alles, was ich fühle, alles was ich sehe. Sie war verzweifelt, sie war schon in einer Klinik und erzählte mir, daß es ihr sehr schlechtginge, weil sie es nicht schaffen würde, es ihr aber geholfen hätte, sich zumindest mal von außen gesehen zu haben.

M: Das ist an mir vorbeigegangen. Aber es gibt ja auch Freßsüchtige, die zunehmen. Ich dachte, sie sei eine solche.

H: Nein. Der Monolog ist übrigens auch im Pathos-Transport-Theater in München aufgeführt worden, gespielt von einer schlanken Schauspielerin. Diese Person will ja an den Kern ihres Selbst kommen, der ganz verborgen ist unter diesem Gefühl von Falsch-angefüllt-Sein.

M: In »Doppelbett«, einer Geschichte, in welcher offen bleibt, ob eine Entjungferung stattfindet oder nicht, heißt es dann: »Am Anfang war die Lüge, dann kam das Wort. Das Schweigen, der einzige Ort der Unlüge. Ich bin weise, bin weise durch mein Schweigen.« Hier bekomme ich erneut und gleich zweifach Verständnisschwierigkeiten. Zum einen erscheint mir »Schweigen ist Unlüge« ungenau: Ich kann schweigen, aber mit Gesten oder Handeln lügen. Ich verneige mich schweigend vor jemandem, dem ich eigentlich den Hals umdrehen möchte. Wahrscheinlich bin ich zu kleinkariert, aber inwiefern ist Schweigen Unlüge?

H: Die Person, die ich da beschreibe, hat ein gestisches Schweigen. Es heißt, es wird hier ihr Ort, auf den sie sich zurückzieht. Das Schweigen als eine Konfrontation. Ein Nichts, wo andere hinstürzen. Dann kommen eben auch keine falschen Gedanken. Hier variiere ich das mit der Lüge, die seit der Entstehung der Welt, seit der Besprechung der Welt, seitdem die Welt in der Welt ist, anwesend ist.

M: Was macht mich denn weise, wenn ich schweige?

H: Die Leere. Ich glaube, dahinter steckt der Gedanke, daß das Schweigen eine bewußte Widerstandshaltung ist. Die Flucht in das Rätsel, eine obstinate, ausschließliche Haltung, der vielleicht nur die exzessive Gewalt entgegentritt. Das Schweigen, ein Entzug, hat für mich dieselbe Kraft wie Gewalt.

M: Wenige Zeilen danach heißt es: »Erwachsenwerden bedeutet: die Lüge werden.« Da bekomme ich zum drittenmal Verständnisschwierigkeiten: Lügen Kinder nicht, oder grundsätzlich und radikal anders?

H: Ich meine in jedem Fall die Lüge, die zur Zwangsmaßnahme wird, das ganze eigene lebendige Leben zu täuschen. Es ist ja ein Unterschied, ob ich eine kleine Gebrauchslüge benutze, die jedes Kind durchschaut, oder ob ich mein Leben auf einer Lebenslüge aufbaue.

M: In der Geschichte »Leidenschaft der Stille« scheinen Sie mir das Gegenteil zu vertreten, nämlich daß wir Menschen im Laufe unseres Erwachsenendaseins das Lügen mindern. Aber Sie reden natürlich nicht von derselben Kategorie.

H: Nein, es ist eine andere.

M: Da heißt es nämlich: »Freundlichkeit, Taktik und die Grimassen sind was für junge Menschen, die noch durch und durch verlogen sein müssen, um sich ihren Beuteteil aus dem Leben zu reißen... Mit jedem Tag im Alter verliert man Lüge für Lüge, Tag für Tag und Zahn für Zahn und Haar für Haar.«

H: Man wird unverträglich eigentlich. Das ganze Brimborium, um zu den angeblichen Vorteilen des Lebens zu kommen, die ja Damoklesschwerter sind, mit denen man das eigene Selbst kaputtschlägt.

M: Das, was Sie eben gesagt haben, sagen Sie wenige Seiten später ähnlich: »Ab vierzig sollte eine Leinwand vom Himmel herunterfallen, auf der steht: Ende der Lüge. Sei Mensch, lerne sprechen«!

H: Da meine ich ganz deutlich, die Bequemlichkeit der Uneigentlichkeit aufzugeben, und da steckt natürlich auch der Gedanke dahinter, daß wir einen wesentlichen und noch ganz unausgeschöpften Raum des Mit-uns-Lebens zur Verfügung haben. Deswegen der Gedanke, daß es schon ab vierzig kommen sollte, und nicht erst, wenn man schon mit dem Kopf wackelt und nur als Bitternispille herumläuft.

M: Allerdings liefern Sie in derselben Geschichte mehrere gegenläufige Aussagen. »Die ganze verlogene Welt ist eine Welt, die unter dem Mama-und-Papa-Joch begraben ist... und die sich jeden Tag anschickt, sich zu verdoppeln!!« Da bekommt jetzt die Lüge wieder eine Zwangsläufigkeit, die sich in sich selber fortpflanzt.

H: Ja, eine biologische Komponente. Das ist diese Frau, die, aus dem Fenster schauend, Spucke abläßt, die auf die Welt spuckt. Für mich war das eine geistreiche, bösartige, eine »Bernhardsche« Nörglerin. Daran hat mich gefesselt, daß es im Grunde genommen keine wirklich Unangepaßte gibt. Zu der Zeit gab es einen Film über eine alte Frau, die vollkommen unangepaßt war, die ihr wirkliches So-Sein im Leben nur ausleben konnte, indem sie sich so krank stellte, daß sie eingewiesen wurde. Sie konnte ihr Leben nicht realisieren außerhalb eines Krankenraumes, wo sie als Verrückte galt. In diesen Lebenswidersprüchen, die eingeliefert werden, wird eine große fremde Lebenskraft sediert.

M: In diesem Sinne der Unausweichlichkeit der Lüge kommt bei Ihnen der Satz: »Die Lüge veredelt die Gewohnheit, an der sie hängen – wie am Tropf, ein Leben lang, eine Menschheitsgeschichte lang!«

H: Da wird die Lüge zur Brillantkette. Ich lese diesen Monolog sehr oft, und die Reaktionen zeigen mir, daß die Gesellschaft noch genauso ist, wie ich glaube, daß sie ist: Die Frau gilt nur als Verbitterte, sie ist ein bißchen doof und eigentlich möchte sie das ganze Leben, das sie doch verabscheut, selber ins Haus holen. Es ist den Zuhörenden nicht möglich, die Frau einsam, kalt und abgeschieden von dieser Welt, die sie nicht erträgt, wahrzunehmen. Das ist bedrückend. Jeder Mann, der in einem Stück auftritt, wo er sich lustvoll zu Tode säuft und seine Tiraden über das Warum abläßt, wird als eine große, starke, wenn auch eklige Person gesehen, aber eine Frau hat diese Möglichkeit, ihre verzweifelte Seite zu leben, gar nicht, die muß immer sofort geheilt werden. Und wirkliche Befreiung liegt für mich nur darin, daß man auch aggressive Verzweiflung ertragen kann – ohne daß sie umgehend zu einem Psychiater getragen wird. Der Monolog vermittelt, daß eben auch brillanter und geistreicher Lebensekel Lust bereiten kann.

M: Sie haben vorhin gesagt, daß unser Gespräch Sie an die Härte erinnert hat Ihres Einzelunternehmerdaseins, wobei, wenn Sie davon erzählen, Ihre Augen leuchten.

H: Ja, wenn ich an meine Lebensarbeit als Selbständige denke, auch als Unternehmerin. Was mich am meisten erstaunt hat, ist, daß diese Leidenschaft des Schreibens so stark sein konnte, daß sie das alles gelöscht und getilgt hat, und was noch viel dramatischer war, daß ich nach Einbruch der Schreibbesessenheit nicht mehr verkaufen konnte. Vorher hätte ich Mühlsteine als Halskette verkaufen können, aber das war mir nicht mehr möglich.

M: Es muß also ein ganz tiefer Wandel Ihrer Persönlichkeit, eine regelrechte Identitätsvertauschung gewesen sein.

H: Ja, ich habe ja auch jahrelang gebraucht, etwas von mir wiederzuentdecken, worauf ich mich verlassen konnte. Alles war unsicher geworden, verschwunden, ähnlich einer Träne im Ozean.

M: Wenn Sie jetzt Ihre zweite Identität im Hinblick auf Ihre Eltern betrachten, sind Sie dann in der zweiten mehr Mutters Kind oder mehr Vaters Kind?

H: Sie fragen Kind?

M: Geschlechtsneutral.

H: Ich müßte dann wohl sagen, Vaters Kind. Immer noch. Betrachte ich meinen Wunsch nach einer Urnatur, nach der Prägung meines Lebens, dann bin ich im weitesten Sinne ein Vaterkind.

M: Ich frage deswegen, weil Sie in Ihrem neuesten Buch »Im Revier der Worte«, einer Mischung aus Essays und biographischen Reminiszenzen, eine »Hommage an meine Mutter – Liebe, Sehnsucht und Musik« geschrieben haben: »Meine Kindheit ist ein... himmlisch glänzender Flügel, ...davor meine Mutter, Stunde um Stunde, ...verschwunden in Chopin, ...Bartok, Bach, Bruckner, ...Sie war fern, fern und doch in mir, und bis heute verwechsle ich Sehnsucht mit Dasein.« Bewunderung für Mutters Talente und Enttäuschung, daß sie nur so wenig daraus machte, machen konnte, durfte, halten sich bei Ihnen die Waage. »Sie war eine temperamentvolle, geistreiche, gewandte, begabte Frau, die ein Malstudium an einer Akademie in Berlin absolvierte, und was malte sie: Blumen.«

H: Wobei ich allerdings hinzufügen muß, daß die Malerei von Frauen auf diesen Kunstausschnitt gezwungen wurde. Im nächsten Satz steht ja auch, daß die Männer während einer Ausstellung zum Kassieren kommen mußten. Aber meine Enttäuschung, eine geerbte Kränkung, hat etwas Wutschnaubendes, weil Frauen, und auch meine Mutter, außer einer Zwangsliebesfähigkeit zuwenig Obsessionen haben. Es ist diese Fassungslosigkeit, daß Frauen immer noch getröstet werden wollen von anderen und ihr Leben nicht ernsthaft und energisch genug in die Hand nehmen. Und dafür ist meine Mutter ein liebenswürdiges, aufwühlendes Beispiel.

M: Sie beschreiben das sehr gut mit der Musik: »... ihr war es erlaubt, den Gästen nicht etwas kochen zu müssen, sondern ihr erlesenes Hauptgericht bestand aus Noten, die ein genialer Komponist als Gewürze zur Verfügung stellte.« Das zeigt: Viel geändert hat sich nicht. Die Frauen sind schmückendes, verwöhnendes Element.

H: Ja, und auch ein Element, das Kraft zum Leben daraus bezieht, gesehen zu werden, die Hand geküßt zu bekommen, im Zentrum einer Damenwirtschaft zu stehen. Das war das Hauptanliegen, denn diese Art von Damen, von denen ich finde, daß sie am schlimmsten zerrissen waren, weil sie intelligent genug waren, über sich Bescheid zu wissen. Sie waren ihre eigenen Kerkermeisterinnen und deswegen auch am meisten krank. In mir gibt es darüber ein so tiefes Erbarmen, gepaart mit einer unbändigen Wut, das reicht fürs ganze Leben. In dem Text steht ja auch später: »... ich aber wurde zum Falken auf ihrer klavierspielenden Hand.«

M: Was man in der Tat immer wieder zu spüren bekommt.

H: Die Wut ist eingewachsen in mir, daran hat sich nichts verändert.

M: Es könnte doch sein, daß Ihre Mutter mit ihrem zweiten Mann versucht hat, ein ihr gemäßeres Leben zu finden?

H: Personenauthentischer. Ich kannte meine Mutter sehr gut. Wir hatten einen fast intimen Kontakt. Ich weiß, daß meiner Mutter auch dieses Schicksal all dieser Damen gewiß war, die in diesen Kreisen sehr früh verheiratet wurden. Sie alle wußten über ihren Körper überhaupt nicht Bescheid. Deswegen war er meistens auch von großen und kleinen Krankheiten geplagt. Ich weiß, daß meine Mutter mit diesem Mann ihr allererstes körperliches Erlebnis hatte – nach fünf Kindern. Das ist natürlich ein Körperdrama, das ich niemals vergessen habe. Das Mitleiden mit Frauen, die ein Kind nach dem anderen bekommen und die noch nicht einmal den Gang gefühlt haben, durch den das Kind kommt.

M: Geschweige denn mit Lust.

H: Ja. Und so war dieses Erlebnis eben eine fast untragbare Erschütterung ihres Lebens, und ich glaube, daß war auch der Grund, warum ich gezwungen war, zwar Unverständnis und Verzweiflung zu fühlen über das Verlassenwerden, aber auch voller Mitgefühl gedacht habe: Sie muß leben! Das war in meinem Alter sicherlich eine Überforderung.

M: Ich frage mich, ob Ihre Frauenliebe eine Quelle in dieser ungestillten und zwiespältigen Sehnsucht nach Mutterliebe hat?

H: Das glaube ich gar nicht. Je länger ich lebe, spüre ich, daß ich sehr vieles davon revidieren muß. Ich bin davon überzeugt, daß das zu meinem Jagddasein gehörte. Daß es eher das Gegenteil war, daß es eher die Überwindung der Antierotik zwischen Mutter und Tochter war, obwohl ich die Erotik zwischen uns beiden gespürt habe. Sie war ja auch Ablösungsmöglichkeit und ist praktisch ein immerfort anwesender Eroberungstrieb geworden. Aber ich glaube, daß ich die Realisierung all des Mütterlichen nicht darin gesucht habe, obwohl es sehr merkwürdig ist, daß die Mutter in meinen Texten immer wieder als dieses Element auftaucht, als ein Sehnsuchtselement verbunden mit Erotik. Die Mütterlichkeit an sich ist für mich nur hinsichtlich der Geburt, im Resultat des Säuglings ergreifend und wunderschön, nicht in dieser Form von reduzierter, sorgender, selbstentlöster Mütterlichkeit, die die Erotik und die Spannung zu einem anderen Leben aufgibt, was etwas Absterbendes hat. Mütter werden ja meines Erachtens dadurch immer wieder zu latenten Rächerinnen, weil das ihr einziges wirkliches Zuhause ist, in dem sie agieren können und ihre Welt auch in gewisser Weise als Bestrafung des Mannes gegen ihn aufbauen. Ich beobachte übrigens seit einiger Zeit, daß die Gesellschaft maskuliner, gewalttätiger und härter wird und damit die Frauen noch stärker ausschließt. Mütter putzen ihre Mädchen wieder ganz besonders dreist als Mädchen heraus und tragen sie wie Fanale vor sich her, so daß eine heimliche Verschwesterung im Unbewußten entsteht zwischen Mutter und Tochter. Ich muß mich richtig beherrschen, wenn ich die Koketterie sehe, die bei den Jüngsten schon auf Lauer liegt und von der Mutter gefördert wird. Aber was bleibt Frauen anderes übrig?

M: Rückzug in die alte Position.

H: Und damit Schärfung der innerpsychischen Waffen.

M: »Alles ist Körper« ist ja eine Sammlung von Kabinettstücken von Lebensbeschreibungen. Zum einen Momentaufnahmen von sozialpsychologischen Konfigurationen: In der »Stunde des Hahns« kommt »ein Mannsexemplar und in welch unübersehbaren Geballtheit und Wucht seiner Pubertät« (wobei »Pubertät bedeutet: die phallische Wehrpflicht anzutreten«) in ein zur Zeit wenig besucht verschlafenes Schwimmbad und konfiguriert dieses erotisierend. Oder, in »Ausgezogen« ist eine Frau im Kiez aus einem Fenster gefallen oder gestoßen worden.

H: Das ist wirklich wahr, das habe ich erlebt.

M: Glaube ich. Bei beiden Szenen hat man den Eindruck, daß das Leben dann weitergeht, ohne dauernd verändert worden zu sein, es ist mehr ein Schlaglicht auf etwas, was dann keine Konsequenzen nach sich zieht.

H: Es hat ein schreiendes Loch in die Geschichte gerissen, ohne daß diese sich verändert hat, sie setzt sich unverändert wieder zusammen. Das ist der zweite Tod, was das Bestürzende für mich daran gewesen ist, Die Badeszene-Geschichte basiert auf mindestens 15 Jahre langer Beobachtung. Und als ich die Erzählung fertig hatte, habe ich in Badeanstalten – ich gehe nach wie vor viel schwimmen, das ist meine meditative Rettung – nie wieder etwas Besonderes beobachtet, was ich sehr bedaure.

M: Dann war es ausgeschöpft.

H: Ja. Das ist eine Gemeinheit des Schreibens.

M: Dann haben Sie Ich-Erzählungen, die auch nur wenige Stunden oder Tage umfassen, aber ein ganzes Leben als unausweichlich festgelegt und oft auch als Lebenslüge charakterisieren. So die schon erwähnte Freßsüchtige, die – Sie haben mich korrigiert – eine Magersüchtige ist, in »Vermächtnis des Körpers«: »Hinein ins Klo..., endlich allein, um die Tasche zu öffnen, die Schokolade aufzureißen mit zitternden Händen... und hinein – Riegel für Riegel, mit Nuß und ohne, mit Sahne und ohne, dann Kuchen, alt und neu, ... nicht kauen, nur hinein und hinunter...«; so eine Ausweglosigkeit des Triebes und der Heimlichkeit, aus der sie wahrscheinlich nie rauskommen wird.

H: Ich denke, Anlaß zu solchen unausweichlichen Momentaufnahmen bietet meine eigene Lebensaufforderung, Veränderungen zu bewirken, der ich ja fast immer nachgegangen bin. Das ist ja ohnedies etwas, was ich am deutschen Menschen so todtraurig finde, daß das Leben so unverrückbar erscheint, Berufs- und Lebenswechsel erscheinen als Beängstigung und Makel. Ich habe mein Leben immer wieder grundlegend

verändert, auch vor meiner Schreibobsession. Und ich finde neue Lebenszusammenhänge sind die einzige Hilfe, nicht in den eigenen Altrosen, den Neurosen, zu ersticken. Aber das kostet sehr viel Kraft, und ich spüre, daß ich vielen Menschen eine Bedrohung bin, daß diese Kraft etwas Furchteinjagendes hat.
Diese Radikalität und Selbst-Rücksichtslosigkeit blieb auch immer ein Zwiespalt zwischen meiner Mutter und mir, auch übrigens zwischen meinen Schwestern und mir. Ich hatte immer einen schockartigen Vorbildcharakter, was mein Leben sehr stark bestimmt hat: Einerseits haben alle wie mit Tintenfischnäpfen an meiner Kraft gesaugt, mich auch imitiert, andererseits fehlte ihnen meine Ausdauer, die sich durch Veränderungsfreudigkeit wieder auflud. Das bedrängt sehr viele Menschen, und es ist sehr schwer zu leben, dieses dauernde Sich-zurück-Nehmen. Diese heftige Herausforderung ans Leben will niemand.

M: Es ist zu unbequem.

H: Und es macht einsam. Manchmal habe ich das Gefühl, daß ich von oben bis unten porenverstopft bin mit lauter liebevollen Freundlichkeiten, die ich gebe, um andere nicht zu schocken. Ich absentiere mich ein paar Tage zum Wiederaufladen und denke, was mache ich eigentlich mit mir. Um andere zu schonen, reduziere ich meine Kraft, so daß sie sich gegen mich selbst verkehrt. Das sind schlimme Momente.

M: Obwohl, wie wir anläßlich von Conni besprochen haben, als diese merkt, daß sie am alten Schmerz hängt, Sie ja für diese Trägheit oder für dieses Beharrungsvermögen auch Verständnis haben?

H: Es ist beides in mir. Ich denke, dieser vollkommene Umbruch meines Lebens ist aufgrund einer mir ganz unbewußten Depression geschehen. Ich habe erst sehr viel später begriffen, daß es so eingewachsene Niedergeschlagenheiten gibt, an die man sich gewöhnt hat, daß sie kaum mehr spürbar sind. Und im Zuge meiner Veränderung merkte ich, daß meine Kraft dadurch, daß sie nicht leuchtend und deutlich werden durfte, auch etwas Graues der Niedergeschlagenheit hatte.

M: Unter Ihrer Hyperaktivität lag eine Depression?

H: Ja, verborgen darunter. Dadurch war mein Bruch auch so riskant. Daß ich ihn überlebt habe, ist fast ein Wunder. Ich weiß, daß ich bis vor zwei, drei Jahren noch in Situationen kam, in denen ich dachte, ich schaffe es nicht mehr allein. Ich habe immer wieder auch Psychologie studiert und gelesen, um mir Hilfe zu verschaffen, habe aber erlebt, daß ich genug wußte, ich hätte es nur umsetzen müssen. Es konnte mir also niemand wirklich helfen. Es gab nur Lesen, Einsamkeit und Schwimmen und Arbeiten. Diese unerlaubte Vielschichtigkeit bricht immer wieder durch. Im Moment leben wir in einer Zeit, ich spüre das ganz deutlich, wo die Neugier an andersgearteten Menschen vollkommen verlorengeht.

M: Wir geraten in einen allgemeinen harten Verteilungskampf, wo jeder versucht, möglichst viel vom bisher Erreichten zu behalten und nichts abzugeben. Sparen ist gut und Teilen ist gut, wenn's die anderen machen.

H: Das zieht natürlich auch einen psychischen Geiz nach sich. Man könnte ja denken, in einer einsetzenden Verknappung der Ressourcen könnte man sich verschwenden in Leidenschaften aneinander, aber die Glut der menschlichen Begegnung erschöpft sich in Streß, Autos, Geld, Besitz, in entsetzlichen Ferien. Das Wagnis der Menschen untereinander ist fast verschwunden.

M: Ich wollte noch auf zwei Ihrer Geschichten eingehen aus »Alles ist Körper«. Die eine ist »Die Macht des Kopfkissens«, der Monolog einer Frau an ihren Mann während einer Eisenbahnfahrt, in welchem sie ihn kommandiert, kritisiert, erzieht, belehrt und zum Kind macht, was sich ganz zum Schluß als Rache für ihre »Dauerhausfrauisierung« erweist. Ich glaube nicht, daß das ein Modell für die Frauenbewegung sein sollte?

H: Nein, auf gar keinen Fall. Ich bin sowieso davon überzeugt, daß ich keine Modelle schaffe, sondern ich zeige die Selbstzumutungen auf, mit denen sich die Frauen immer noch herumschlagen. »Die Macht des Kopfkissens« ist ein geflügeltes Wort in Frankreich, was mir so gut gefallen hat, daß es den Monolog entzündet hat.

M: Obwohl diese Macht im Monolog nicht vorkommt.

H: Als innerhäusliche Macht doch. Die Einsperrung wird auf ihn übertragen.

M: »Die Macht des Kopfkissens« bedeutet im Französischen, daß dadurch, daß das Begehren des Mannes unter Bedingungen gestellt werden kann, er dadurch ein Stück weit domestiziert und gesteuert werden kann.

H: Da scheinen die Franzosen anders zu sein, denn in Frankreich habe ich immer wieder festgestellt, daß das Gebot der Erotik, und sei es auch nur eine Pseudoerotik, unbedingt aufrechterhalten werden muß zwischen den Geschlechtern. Das ist mit ein Grund, warum die Frauenbewegung in Frankreich nicht vor und zurück kommt. Keine einzige Frau darf zugeben, daß sie erotisch keinen Gefallen am Mann findet. Auch wenn sie ihn restlos ablehnt, einschließlich Geschlecht, muß sie immer heucheln: Aber erotisch ist es doch! Im normalen Deutschland haben wir eher mit dem Tolpatschigen zu tun, das jeglicher Erotik entbehrt. Ausgangspunkt des Monologes war aber für mich der Gedanke, daß eine Zeitlang innerhalb der Frauenbewegung der Zwang nistete, daß alle Frauen berufstätig sein müssen. Aber da sich häufig herausgestellt hat, daß eine ungeliebte Arbeit genausowenig belebend ist wie ihr anderes Dasein, sollte eine Alternative auf alle Fälle bleiben! Eine Wahlmöglichkeit sollte allerdings auch mal dem Mann abgefordert werden.

M: Dann wollte ich noch auf eine Geschichte eingehen, die heißt: »Gelassen über den Mond gebeugt«.

Es geht um einen Schriftsteller, der einer Lebenslüge verfallen ist und sagt: »An den Ärgerlichkeiten anderer weiß man sich wieder zu schätzen. Da weiß man, daß die Qual zu Recht besteht, daß selbst die Schreibhemmung nur die Eleganz des Nochnichtgesagten beweist!«

H: In diesem Monolog spiegelt sich meine Verachtung auf gefährliche Übermensch-Künstler. Diese Erfinder von künstlichen Wirklichkeiten, die jede Alltäglichkeit als den Mülleimer des Geistes empfinden. Später hat mich Theweleit inspiriert, der in »Orpheus und Eurydike« nachweist, daß und wie die ungebrochene, unbewußte Männerliteratur über die Fleischverarbeitung von Frauen einen »genialen« poetischen Zuwachs bekommt. Er beschreibt recht köstlich, wie z. B. die Bennschen Gedichte angereichert werden: Oben kommen die Strapse, die Haarspangen, die verwehrten Sehnsüchte, die abgewehrten Empfindungsintensitäten, die wunderschönen Gesichter, die Rosenfinger hinein, dann wird die Fleischmaschine durchgedreht – und unten kommt ein expressives, brillantes Gedicht zum Vorschein. Irgendwo später schreibe ich ja auch: »Das Göttliche war immer euer Tippelbruder!« Diese Flucht in das Große, Überweltische ist ja auch eine Leugnung der eigenen Verwundbarkeit, die auf andere, zumeist die Musen übertragen wird. In dem Buch steht auch der entblößende Satz: »Als man aus persönlichen Gründen gelebt hat.« Ich verachte diese Kunst, die das Leben opfert. Dieser Großwahnschriftsteller wird von mir entblößt und lächerlich gemacht.

M: Das gelingt voll. Er sagt von sich: »...einstmals: schlecht möbliert und hochbegabt! Selbst der Gang zum Mülleimer geriet einem zum Sonett. Und heute? ...ein Verstoßener aus seiner Begabung, verirrt ins Leben!«

H: Ja. Dieses »verirrt ins Leben« bedeutet eben, daß das Leben nur noch in der kunstgesetzten Pose anerkannt werden kann. Alles andere ist Fressen, ist Physis, eher etwas widerlich Weibliches.

M: Ihr neuestes Buch heißt »Im Revier der Worte« und ist ebenfalls eine Sammlung, aber nicht von Geschichten, sondern von Aufsätzen und Essays, Reden oder Ansprachen. Dementsprechend zitieren Sie in diesen häufiger auch andere Autoren. Die Themen sind recht verschieden. Es gibt einige, die autobiographische Züge herstellen. Das erste Mal in Ihrem Werk erzählen Sie über Ihren Vater, Ihre Mutter, die Einflüsse und Determinanten. Aber es gibt auch andere, z. B. über Pornographie oder über die Frauenbewegung, wobei mir auffällt, daß Sie da einen sehr hermetischen Stil haben. Es ist schwer zu lesen. Man muß oft, wenn man einen Absatz gelesen hat, den vorherigen noch einmal lesen, oder den nachfolgenden, um zu begreifen, was denn mit diesem Absatz gemeint sein könnte. Woher kommt das? Da sehe ich einen großen Bruch in der Gedankenführung zwischen Ihren Erzählungen und Ihren Essays.

H: Mir geht es natürlich nicht so, aber Sie machen mich da auf etwas aufmerksam, was u. U. auf mich zukommen wird an Kritik. Mir war die starke Hermetik nicht bewußt während des Schreibens. Es ist ein neues Gebiet für mich. Ich werde sehr viel von Universitäten und Akademien eingeladen, weil anerkannt wurde, daß ich gemeingefährliche, aber auch spannende Behauptungen aufstelle, um die herum dann sehr heftig diskutiert werden kann. Wenn ich einen neuen Einfall zu einer Themenstellung habe, schließe ich ihn fest ein, um ihn richtig klar zu machen. Es macht mir Freude, einen Essay zu schreiben und in die Zeitgeschichte einzugreifen. Ich bin aber keine Wissenschaftlerin, und das merkt man, hoffentlich wohltuend. Ich hangel mich nicht an Gedanken anderer entlang, sondern mich bewegt nur, ob ich einen sprengenden Gedanken dazu habe, und diesen Gedanken fülle ich oft nur auf mit bestätigenden Einfällen anderer, damit ich nicht ganz so einsam bin. Sie empfinden es als schwierig?

M: Nicht alles, aber immer wieder komme ich an einen Satz, bei dem ich denke, da sind Bestandteile enthalten, die noch expliziert werden müssen. Es ist meist ein sehr melodischer und packender Satz, so wie Ihre Titel, daß man denkt, Donnerwetter! Was ist damit wohl gemeint? Aber in einem Essay möchte man dann einen explizierten, semantisch vollständigen Text.

H: Wobei mich ja am Essay auch mehr die peitschenartige Brillanz reizt.

M: Es soll dem Leser erst mal den Atem verschlagen?

H: Ja. Und ich liebe etwas, womit ich andere überfordere, weil ich der Meinung bin, daß ein restloses Begreifen und Ausgeschöpfthaben der Sätze und Gedanken letztlich langweilt. Ich habe auch die Erfahrung gemacht in meinen freien Vorträgen, daß viele mir oft nicht folgen können, aber hinterher sagen, daß sie so viele Zweifel, so viele Fragen mit nach Hause nehmen, daß ihr Innerstes aufgeschüttelt wurde. Das finde ich sehr viel wichtiger und aufweckender.

M: Die Beeinflussung der Franzosen ist da zu spüren: Es muß etwas in der Schwebe bleiben.

H: Ich liebe es, ein Wort, das wie eine Kaskade in den Leib eindringt, da explodiert und Leuchtpunkte freisetzt, wo madige Dunkelheit vorherrscht. Das ist meine Art von Triebtäterschaft.

M: Ein Feuerwerk in den anderen hinein.

H: Damit da auch Verletzungen entstehen können, die nur geheilt werden können, wenn man sich ändert.

M: In »Kein Wort für sich allein« schildern Sie, was Sie uns bereits andeuteten, daß Sie, obwohl Sie bereits Ihr Thema haben, »wahllos und erregt lese(n). Es ist ein Finden ohne Suche... Als dürfte ich nicht über mich sprechen, bevor ich nicht Fremdes in mich eingelassen habe.« Also die umgekehrte Bewegung. Ein Analytiker alter Schule würde hier an Befruchtung denken - der Musenkuß in Empfängnis verdeutlicht?

H: Das ist schön ausgedrückt, aber die Verderbnis daran ist, daß ich dann schreibunfähig werde. Es löst eben nur die Empfängnis aus dem Stoff, den ich lese, und löscht und tilgt und stellt mich vollkommen in Frage. Es signalisiert mir ununterbrochen, so gut wirst du nie in deinem Leben. Das ist natürlich fatal. Aber ich kann es trotzdem nicht lassen. Ich vertiefe mich so in andere, daß ich nicht mehr vorhanden bin. Ich muß dann radikal alles beiseite legen, um das »Schlechtere« von mir zu produzieren. Belastend ist auch, daß ich bei jedem Thema, über das ich schreiben will, rausfinden muß, wer das schon viel besser gesagt hat. Welche Anmaßung von mir zu glauben, daß meine Gedanken nicht schon Schlafgut von anderen sind.

M: Das beschreiben Sie in dem Essay »Kein Wort für sich allein« so: »Bevor das alles einsetzt, lebe ich ungestört in dem Glauben, autonom zu sein, ... bin der Überzeugung, daß gerade die feste Überfülle meines Selbst Anlaß und zwingender bleibender Antrieb zum Schreiben ist.« Und Sie fragen dann, ob »Schreiben, ... nichts als der Versuch (ist), sich irgendwo zu fixieren, ... um eine Mauer um die innewohnende Auflösung zu schaffen?« Fühlen Sie sich manchmal von einer innewohnenden Auflösung bedroht?

H: Das Interessante und Unverträgliche ist, daß eine Überfülle und damit eine gemeinte und oft gefühlte Autonomie der eigenen Person keinen Ort hat, nicht meinen Körper und nicht meinen Verstand. Ich als freie lebende schwebende Person, so wie ich geworden bin, mit aller Fragilität und auch aller Fülle und Möglichkeit des Selbstzweifelns, kann überhaupt nur Halt finden in der Präzision einer Thematik. Insofern ist Schreiben einmal die notwendige und rettende Auflösung geworden und gleichzeitig ist sie Bergung und Beheimatung meiner Person. Wenn ich viele Tage nicht schreibe, habe ich das Empfinden, daß ich überaus gefährdet bin in allem, was ich tue. Meine Lebensheftigkeiten, die sonst ins Schreiben gehen, dringen uferlos in fast alle Bereiche ein und quälen mich. Schreiben ist Konzentration, Zusammenraffen und Ordnen meiner Person.

M: Eine Disziplinierung. Im »Dialog der Hände« schildern Sie anhand der Hände von Mutter, Vater und Großmutter Determinanten Ihrer Herkunftsfamilie. Aber auch: »Meine innere Biographie, die eine stark visuelle ist, ist eine Erregungsgeschichte mit Händen... Sobald ich dem Gesicht meinen Anstandsbesuch gemacht habe, sind sie es, die mich erfassen, die mich in das Bisexuelle von Wort, Willen und Gefühl hineinziehen.« Ist das so bei Ihnen?

H: Ja. Seit meiner frühesten Kindheit. Ich erinnere mich, daß ich oft stundenlang Hände beobachtet habe und absolut verliebt in die Hände meines Vaters und meiner Mutter war und selbst großen Wert auf meine eigenen Hände lege. Ich beschreibe ja auch, daß die Hände die vertiefte sexuelle Begegnung darstellen, die Umfassung, das Ergreifen, die Zärtlichkeit, die Sinnlichkeit, die Libido.

M: In diesem Essay steht wiederholt ein Motto von Ingeborg Bachmann: »Ihre Hände werden begabt sein für die Güte, sie werden nach den höchsten aller Güter mit ihren schuldlosen Händen greifen, ... denn es sollen die Menschen nicht ewig, sie werden nicht ewig warten müssen.« Für Jutta Heinrich ist das ein bemerkenswert zukunftsoptimistischer Tenor. Bald Friede allen Menschen – auch den Männern, die nicht guten Willens sind?

H: Es ist im wahrsten Sinne des Wortes eine Handreichung, mehr nicht. Die Heftigkeit meiner Verzweiflungen und auch Glückseinbrüche lassen mich oft in Überirdisches, fast Kirchliches, Gläubiges fliehen, in eine Art höheren Schutz, es wird wie ein Zuhause, das mich vor Überflutung rettet. Das Verschwinden von fast allem, ich muß es jetzt so übertrieben sagen, was einem heilig, etwas, was über das banal-tragische Leben hinausgeht, eine metaphysische Oberwelt, ist etwas, was mir so fehlt, daß es Zeiten gab, in denen ich die Bibel abgefragt habe. Davon ist etwas in diesem Text spürbar und enthalten, den ich nicht umsonst schon in Kirchen gelesen habe.

M: Es gibt also zwei Formeln, so eine Aufgehobenheit und Geborgenheit zu finden, das eine ist das ozeanische Gefühl, die Teilhabe mit der Natur, und das zweite ist ein christlich-religiöses, sehr vage, aber doch irgendwo ein Reich des Friedens und des Heils.

H: Des Miteinanders im Jetzt, im Augenblick, eine Art von Miteinander, ohne daß Verlogenheit einsetzt. Deswegen liebe ich das Einfache, da blitzt es mitunter noch auf, oder wenn Menschen Krisen haben. Das sind wichtige Heilsmomente. Und dann darf man nicht vergessen, daß ich in Oberbayern aufgewachsen bin, umgeben von Kirchlichem, und daß ich vom Pomp des Katholischen sehr angezogen war, während das Evangelische mich immer gelangweilt hat.

M: In »Vater, mein Vater« sagen Sie: »Meinem Vater habe ich meine Liebe vorenthalten. Seine in sich ruhende Autorität und Großzügigkeit erlaubten mir als Verwegene und Dauermutantin... (eine) offengehaltene, ersehnte Ausstiegswelt... übersah (ich) ihn, damit er glauben mußte, es sei etwas ganz Normales, mir Zustehendes, das Selbstverständlichste in dieser Welt.« Das klingt jetzt sehr nach berechnender Überlegung?

H: Mein Leben wäre ohne Berechnung gar nicht möglich gewesen. Das allererste, was ich gelernt habe, war eine Verstellung, die mich nicht zerstörte. Und meine Berechnung sollte mir ja keine Vorteile verschaffen, sondern diente dazu, mich nicht zerstören zu lassen, diente zum Überleben.

M: Im selben Essay sagen Sie: »Selbst mein Vater,

der ganz anders war als alle, die ich erlebte, hinterließ den Eindruck, daß die Liebe zu Frauen, die Liebe zu seinen Kindern eine schwere Pflicht darstellte, eine auferlegte Distanz und Aufgabe, der er diente.« Könnte es sein, daß Sie da etwas persönlich auf sich bezogen, was zu seiner Sozialschicht und seiner Generation gehörte?

H: Selbstverständlich. Mein Vater war ganz traditionell. Aber ich begriff trotzdem nicht, daß seine Bildung und sein Wissen ihn nicht verwandelten, andere Dinge, Formen zu sehen und zu erkennen. Mein Vater konnte, wie alle diese Väter, über alles witzeln und reden, aber darunter lag ein ganz verknöcherter und versteifter Charakter. Er litt auch, und das zu erkennen, war das schlimmste. Es hat mich auch sehr belastet, daß meine Eltern sich in der Zeit des Reichtums, in der Wohlbehütetheit, so überfordert hatten, daß er für die fünf Kinder richtig arbeiten mußte, etwas, was er gar nicht schaffte. Die Liebe zu unserem Vater konnten wir nur einlösen, indem wir alle im Betrieb halfen und ihm in der Arbeit nahe waren. Ansonsten waren wir für ihn Tag und Nacht die Anklage: Du leistest zuwenig! Wir waren immerfort schreiende Mäuler.

M: Auf die Mensuren auf der rechten Wange Ihres Vaters kommen Sie auch zurück in dieser Geschichte: »Erst viel, viel später gelang es mir zu begreifen, daß diese Narben, diese Wundmale den Beweis seiner eigenen gelungenen Geburt für sich selbst darstellten. Es war dies auch der Schmiß, der Schnitt, die eingeschriebene Abnabelung des In-die-Welt-gekommen-Seins durch Mutter, die erinnernde Frau.« Damit habe ich große Schwierigkeiten. Mensur-Schmisse als zweite und nun endgültige Abnabelung von der Mutter?

H: Das Vertrackte und auch Veränderte in unserer Gesellschaft ist ja, daß die Männer, die sich frei von Mütterlichkeit gaben, zutiefst abhängig waren. Ich kannte keinen Mann in unserer Umgebung damals, der nicht durch Frauen existierte, und ich denke, daß dadurch auch die Abwehr so heftig war. Sobald mein Vater mit seinen Zech- und Korpsbrüdern zusammen war, fand eine Schlachtung der Frauen statt. Es war ein Zurück in eine Zeit, in der sie alle nicht mehr lebten, denn es waren ja inzwischen 45- bis 50jährige Männer, die da noch einmal zu Jungs wurden. Mein Vater hatte auch, wie viele andere Männer, eine Verletzungssucht.

M: In zwei oder drei Ihrer Texte wird auch eine Enttäuschung über die Frauenbewegung deutlich, daß sie nicht gehalten hat, was sie versprochen hat, ja, daß sie nicht einmal gehalten hat, was möglich gewesen wäre.

H: Ich muß richtigstellen, daß die Enttäuschung über eine Bewegung bei mir nicht angebracht ist, weil ich immer eine engagierte Randständige war. Aber die sichtbare Rückschrittstendenz bei den Frauen entsetzt mich schon, weil an eine gesellschaftliche Veränderung überhaupt nicht zu denken ist im Moment. Eingeleitet worden ist das sicherlich durch die verhängnisvolle Neigung der Frauen, sich in Übereinkunft verändern zu wollen, und nicht in der zwangsläufigen Fremdheit. Die Angst vor der Abkoppelung »ich bin anders als du« hat u. a. bewirkt, daß auch die Texte immer identifikatorischer wurden.

M: Identifikatorischer mit wem?

H: Mit sich selbst, was bedeutete, daß genau der Schmerz, der aus dem Körper und der Psyche heraus und politisch und gesellschaftlich verändernd wirken sollte, zurückkehrte in den Körper und dort sein Unwesen trieb. Das spiegeln die vielen Körperbücher wieder. Im Grunde genommen kann man sagen, es sind immer weniger poetische, intelligente, herausfordernde Bücher geschrieben worden, statt dessen immer mehr Bücher, wo die Körper miteinander in Kontakt stehen. Das hat das Ende mit eingeleitet. Bei Lesungen spüre ich schon lange, daß versteckte Texte, fremde, psychische Vorgänge, die nicht sofort nachvollziehbar sind, überwiegend Unwillen auslösen. Ich versuche immer wieder auch zu vermitteln, daß das Leben voller Verzweiflung, Schmutz, Dreck und Elend ist, und wenn die Frauen glauben, daß ihr Leben an der Leine eines Mannes geführt gelebt werden kann, dann müssen sie es auch bitte leben, aber dann erwarte ich auch, daß Frauen ihre Männer mehr lieben. Jetzt leben Mann und Frau sozusagen als Rollenmißgönner miteinander, als unkämpfende Kämpfende voreinander. Die Liebe haben sie aufgegeben, gleichzeitig aber zu einem großen Teil auch die Liebe zu ihrem eigenen Leben.

INGRID **KLEIN** VERLAG

Velma Wallis

Zwei alte Frauen

Eine Legende von Verrat und Tapferkeit

ISBN 3-89521-017-X

Dies ist die Geschichte von zwei alten Indianerfrauen eines Nomadenstammes hoch oben im Norden Alaskas. In einem strengen Winter wird der Stamm von einer Hungersnot heimgesucht. Die Gruppe ist gezwungen, ihr Lager zu verlassen und über Land auf Nahrungssuche zu gehen. Ihr Häuptling beschließt – wie es das Stammesgesetz vorsieht –, die zwei alten Frauen, da sie unnütze Esser sind, zurückzulassen. Keiner wagt, gegen diesen Beschluß aufzubegehren. Allein und verlassen in der eisigen Wildnis geschieht das Erstaunliche: Die beiden alten Frauen geben sich nicht auf.

»Die Legende ist schlicht, wenig beschönigend und doch von einer nahezu ergreifenden Anteilnahme für den Mut und die Mühen der beiden Frauen. Eine Geschichte, die unser aller Sinn für die Würde des einzelnen Menschen neu belebt.« *Rita Süssmuth*